Guía para el docente y solucionarios

Promoción e intervención socioeducativa con personas con discapacidad

ic editorial

Editado por: IC Editorial
c/ Cueva de Viera, 2, Local 3
Centro Negocios CADI
29200 Antequera (Málaga)
Teléfono: 952 70 60 04
Fax: 952 84 55 03
Correo electrónico: iceditorial@iceditorial.com
Internet: www.iceditorial.com

Guía para el docente y solucionarios:
Promoción e intervención socioeducativa con personas con
discapacidad

1ª Edición

© IC Editorial 2024

ISBN: 978-84-1184-307-2
Depósito Legal: MA 1607-2024

Impresión: PODiPrint
Impreso en Andalucía - España

Índice

Bloque 1
Guía para el docente: técnicas de enseñanza y aprendizaje

Contenido

1. Introducción

El presente capítulo está destinado a ofrecer al cuerpo docente responsable de la enseñanza del programa de cualificaciones profesionales y certificados de profesionalidad, una guía metodológica para obtener el máximo rendimiento de los contenidos formativos que han sido desarrollados para el presente título.

La mejora de las habilidades comunicativas y la aplicación de una metodología contrastada de enseñanza, aprendizaje y evaluación permitirá transmitir el conocimiento y adquirir el programa formativo de la forma más efectiva y práctica posible.

Estudiaremos cuáles son los principales elementos que forman parte de la comunicación profesor-alumno, a través de una cuidada selección de sistemas de planificación de estrategias didácticas, así como la utilización de medios y recursos didácticos.

La integración de todas las actividades planificadas alrededor de un plan de formación adaptado e individualizado, aumentará además la satisfacción del alumnado por la utilización de un sistema no lineal e interactivo que se retroalimenta gracias a la relación establecida entre la propia metodología y los actores que forman parte de la enseñanza.

2. El programa de formación

Una de las claves del éxito de la mayoría de las actividades que se realizan en general, y concretamente en la formación, es la **programación.** Es necesaria la programación de las acciones formativas, para que así se pueda alcanzar el objetivo final, es decir, que el alumno obtenga una buena capacitación y adquiera nuevos conocimientos en su repertorio y que, después, sea capaz de emplearlos en su trabajo.

2.1. Definición de programación

Cuando se habla de **programación,** se pueden encontrar multitud de definiciones. Para sintetizar, se podría definir como la actividad de enunciar lo que se quiere hacer (objetivos, contenidos, métodos, temporalización, medios y recursos didácticos y evaluación).

 Definición

Programación
Es un plan donde se establecen las acciones que se van a realizar en un proceso de enseñanza-aprendizaje, por medio de un formador o un equipo.

A continuación, se va a describir una serie de características que tiene que tener una programación didáctica:

- Dinámica. Una programación no es estática ni está acabada, siempre está en constante revisión, de ahí su dinamismo. Además va cambiando o evolucionando según los resultados de la evaluación continua que se va realizando durante la ejecución de la acción.
- Flexible. Esta característica permite que se puedan hacer cambios, ampliaciones, reducciones y actualizaciones de los contenidos y actividades programadas, según las necesidades que se observen.
- Creativa. La programación como es un diseño propio y exclusivo, exige creatividad y originalidad. El docente es el que decide sobre el quehacer en el aula teniendo en cuenta las características del grupo, las necesidades que se pretenden satisfacer y las propias posibilidades.
- Prospectiva. La programación consiste en hacer un pronóstico de la interacción que se va a producir en el aula.

- Sistemática. La programación es un proceso sistematizador que da coherencia a la acción formativa, ya que tiene en cuenta todos los elementos (objetivos, contenidos, métodos, temporalización, medios y recursos pedagógicos y evaluación) que intervienen en el acto educativo y analiza sus relaciones.
- Integradora. Permite integrar elementos de cualificación técnico-profesionales con elementos de cualificación personal de alumnado.
- Funcional. Toda programación debe basarse en el perfil profesional de la ocupación y estructurar los contenidos formativos que proporcionan las competencias de ésta.

2.2. Elementos de la programación

Antes de empezar cualquier programación formativa, es necesario tener en cuenta los datos obtenidos del análisis de la ocupación y del grupo al que se dirige la acción formativa. A partir de esta información, se determinan los elementos que van a conformar la programación.

Cuando se realiza la programación de un curso, hay que plantearse previamente las siguientes preguntas:

1. ¿Qué quiero conseguir con la formación?	**OBJETIVOS**
2. ¿Qué conocimientos deben asimilar los alumnos para alcanzar los objetivos propuestos?	**CONTENIDOS DEL CURSO**
3. ¿Cómo trabajamos en el aula? ¿Qué actividades son las que realizamos?	**MÉTODOS DE ENSEÑANZA**
4. ¿Cuánto tiempo tengo y cuánto dedico a cada módulo?	**TEMPORALIZACIÓN**
5. ¿Qué medios y recursos didácticos se necesitan para poder llevar a cabo esas actividades?	**MEDIOS Y RECURSOS DIDÁCTICOS**
6. ¿Cómo sabemos que se ha producido el aprendizaje?	**EVALUACIÓN**

3. Factores determinantes de la efectividad de la comunicación en el proceso de enseñanza-aprendizaje

En toda comunicación que se produzca en el proceso de enseñanza-aprendizaje, existen factores determinantes que obstaculizan o refuerzan este proceso.

3.1. Obstáculos de la comunicación

Relacionados con el emisor

- No expresar de forma clara qué mensaje se quiere transmitir.
- Comentar algo a lo largo de la explicación que no sea lo correcto y pueda resultar desagradable.
- Cambiar el tema de conversación.
- Desviarse del tema que se está tratando.
- No mirar al receptor cuando se quiere expresar algo.
- No estar atento a las señales que emite el receptor.
- Expresar alguna idea a través de los gestos que no se corresponda con la idea a comunicar.

Relacionados con el receptor

- No comprender las ideas que quiere expresar el emisor.
- No pedir explicación al emisor de aquella información que no le haya quedado clara.
- Interrumpir al emisor cuando está hablando.
- Captar algo diferente a lo que el emisor desea transmitir.

Relacionados con el mensaje

- Mensaje confuso.
- Mensaje muy corto.
- Mensaje muy extenso.
- Abuso de muletillas.
- Utilización de frases sin terminar.
- Dar "rodeos" para decir la idea principal.

Relacionados con el contexto

- No ser el momento adecuado para transmitir algo.
- No saber escoger el lugar oportuno.
- La presencia de ruidos y de interferencias.
- No pensar en las personas que están cerca.

Relacionados con el código

- No utilizar el mismo código que la persona con la que se habla o a la que se escucha.
- No adaptar el vocabulario a la situación o a la persona con la que se conversa.
- Utilizar el doble sentido.

3.2. Sugerencias para el mejor funcionamiento de la comunicación

Emisor

- Acostumbrarse a planificar la comunicación.
- Concretar visiblemente los objetivos.
- Buscar la retroalimentación en la comunicación.
- No tratar de impresionar al receptor.

Mensaje

- Que sea claramente entendido por el receptor.
- Que la terminología usada sea de referencia común.
- Que reclame la atención y el interés del alumnado.
- Que sea sencillo de interpretar.
- Que su contenido sea adecuado y convincente.
- Que produzca el máximo efecto posible.

Canal

- Que sea el más apropiado al grupo al que se dirige, al contenido del mensaje y al objetivo que persigue el formador.
- Que sea el que cause mayor impacto en el receptor.
- Que sea el más eficaz.
- Que sea el que mejor domine el formador.

4. La comunicación verbal y no verbal en el proceso instructivo

Los medios de comunicación pueden agruparse en dos grandes bloques: los **medios verbales,** que son aquellos que usan la lengua como código compartido; y los **medios no verbales,** que son los que se fundamentan en otros códigos simbólicos. A su vez, dentro de los medios verbales, están el medio escrito y el medio oral.

Cada uno de estos medios tiene sus ventajas y sus inconvenientes, por lo que la selección del medio deberá tener en cuenta las circunstancias y características que en cada caso presenta el comunicador, la audiencia y el mensaje que se ha de transmitir.

4.1. Los medios verbales

La comunicación verbal

La comunicación verbal se utiliza para comunicar ideas o dar información, opiniones, expresar o describir sentimientos, etc. Sirve de vehículo a los contenidos explícitos del mensaje. Para garantizar la efectividad de la comunicación, es necesario que el mensaje se presente de forma descriptiva y operativa, pero siempre teniendo muy en cuenta el código común del grupo al que va dirigida esta comunicación.

Un uso correcto del lenguaje oral ayuda a acercarse más a los alumnos. Los principales aspectos a considerar son los que aparecen a continuación.

Construcciones gramaticales

El objetivo será transmitir el mensaje de la manera más clara posible. Se deben evitar los giros rebuscados, la sintaxis complicada y las metáforas. En las explicaciones y conversaciones debe primar el contenido sobre la forma.

Vocabulario

Es importante saber qué palabras van a expresar mejor los conceptos que se desean transmitir y las que pueden ser comprendidas mejor por los alumnos. El análisis previo de los alumnos ayuda a saber qué términos técnicos se pueden utilizar sin problemas, cuáles se tienen que explicar y cuáles se deben evitar.

En general, siempre hay que mantenerse dentro de un lenguaje formal, evitando los vocablos demasiado coloquiales, las palabras extranjeras, las referencias académicas y expresiones de carácter religioso, político, deportivo o cultural, que pueden resultar agresivas para los alumnos.

Ejemplos

Los conceptos abstractos que pueden aparecer y que dificultan la adquisición de los contenidos, tienen que ser expresados mediante las explicaciones del formador, siempre apoyándose en la visualización.

La comunicación escrita

La comunicación escrita posee un carácter más veraz que la oral. La interacción que tiene lugar entre el emisor y el receptor no es inmediata, en algunas ocasiones no llega a producirse jamás. Este tipo de comunicación ofrece más oportunidades expresivas y mayor complejidad gramatical, sintáctica y léxica. También hay que tener en cuenta que a veces dificulta la expresión y/o puede no proporcionar *feedback* de manera inmediata.

4.2. Los medios no verbales

Al igual que las palabras, los elementos de la comunicación no verbal son signos que representan una idea (se excluyen todos los signos lingüísticos).

A diferencia de la comunicación verbal, su función no se centra sólo en la transmisión de contenido, sino que traspasa esa frontera para expresar también las emociones del emisor, controlar la interacción y proporcionar *feedback* del efecto que el mensaje produce en el receptor. Todas estas funciones son muy útiles para el formador, tanto en su tarea de transmisor de conocimientos como en la tarea de motivar y dirigir al grupo.

A continuación, se detallan las diferentes categorías en las que se agrupan los elementos de la comunicación no verbal.

Kinesia

Posturas

Una de las primeras cosas que el formador debe transmitir a sus alumnos es confianza y seguridad, lo que puede conseguirse a través de una postura erguida (sin llegar a ser arrogante), de pie, apoyándose sobre los dos pies y manteniendo la cabeza alta.

Esta postura es útil, especialmente durante la presentación del curso, porque ayuda a relajar el cuerpo, a facilitar la respiración y a controlar las muestras de nerviosismo, al tener un buen apoyo en el suelo.

A medida que avanza el curso, se pueden adoptar otras posturas que faciliten el descanso (apoyarse), el acercamiento (echar el cuerpo hacia delante) o que resten protagonismo (sentarse).

Gestos

Los gestos son un buen aliado del formador, excepto cuando éste se siente incómodo o nervioso. Gestos de carácter adaptador, como rascarse o colocarse la ropa, pueden delatar su estado emocional.

La mayoría de los gestos cumplen la función de reforzar el mensaje verbal (ilustradores), aunque existen otros cuya función es regular las intervenciones cuando se dirige una discusión de grupo.

Expresiones faciales

Las expresiones de la cara transmiten las emociones y permiten obtener fácilmente una respuesta del alumno.

Una expresión facial agradable, como una sonrisa no forzada, facilita la creación de un ambiente relajado en el aula. Una sonrisa puede ser muy útil también para romper la tensión que inevitablemente surge en algunas sesiones.

Mirada

La mirada, junto con la postura, es uno de los mejores métodos para transmitir confianza (en momentos de nerviosismo se tiende a apartar la vista) y para captar la atención de los alumnos.

Mientras el formador habla debe mantener la mirada sobre los alumnos la mayor parte del tiempo, mirándolos el tiempo suficiente como para que se sientan atendidos pero no incómodos. También se puede utilizar la mirada durante las discusiones de grupo, con una función reguladora de las distintas intervenciones.

Desplazamientos

Realizar desplazamientos en el aula capta la atención del alumnado, además de facilitar el contacto visual. Hay que procurar que no sean repetitivos o bruscos (pasear cerca de los alumnos), y cambiar de un recurso a otro (ir de la pizarra al retroproyector), etc.

 **Recuerde**

Los recursos no verbales que estudia la Kinesia son:

▎ Posturas.
▎ Gestos.
▎ Expresiones faciales.
▎ Mirada.
▎ Desplazamientos.

Estos recursos pueden utilizarse tanto para reforzar lo que se expresa mediante la comunicación verbal como para sustituirlo.

Proxémica

El aspecto de la proxémica que más interesa es la proximidad física entre los individuos, ya que los alumnos pueden sentirse violentos si el formador se aproxima excesivamente a ellos o, por el contrario, verle distante si no se acerca.

Se debe prestar atención a este aspecto, tanto durante las intervenciones como al distribuir el espacio del aula que se va a emplear, evitando siempre que los asientos estén demasiado juntos o demasiado separados.

Paralingüística

Para captar la atención del público, los oradores suelen hacer uso de determinados aspectos como el tono de voz o las pausas, que en algunos casos pueden parecer exagerados.

El formador, aunque emplee el método de la lección magistral, no es un orador y, por tanto, no debe prestar especial atención a estos aspectos, excepto cuando le plantean algún problema, debido a la ansiedad, al cansancio o a un mal estado de salud. Practicar en voz alta y realizar grabaciones durante la fase de preparación puede ayudar a vencer estas dificultades.

Volumen

Aunque el aula sea pequeña, se tiene que realizar el esfuerzo de hablar lo suficientemente alto para que todos los alumnos oigan las explicaciones y, a la vez, transmitir confianza. En general, el volumen se ajustará instintivamente cuando se compruebe dónde se sitúa la persona que se encuentra más alejada.

Entonación

El problema más frecuente, especialmente si se está cansado, es la monotonía, que no contribuye a captar la atención ni a motivar a los alumnos.

El interés que el formador muestre por el tema y una correcta preparación le hará destacar los puntos clave y jugar con la entonación de una forma adecuada a lo largo de toda la exposición.

Pronunciación

Los problemas se presentan especialmente cuando se está nervioso o se habla demasiado rápido. Se debe hacer un esfuerzo por articular todas las palabras de manera limpia y clara, abriendo la boca lo suficiente para pronunciar correctamente las sílabas, consonantes y vocales.

Velocidad

Una velocidad correcta puede ayudar a resolver problemas de pronunciación y de entonación. Se debe hablar a una velocidad normal o algo superior, para facilitar el mantenimiento de la atención. No obstante, si se está nervioso, se puede hablar con mayor lentitud para facilitar la respiración y relajarse. También se debe reducir la velocidad cuando se expliquen conceptos técnicos complejos o cuando se espere alguna respuesta por parte de los alumnos.

Recuerde

Los elementos que trata la Paralingüística son:

I El volumen.
I La entonación.
I La pronunciación.
I La velocidad.

Proyección física

Existen determinados factores que, sin que la persona diga ni haga nada, transmiten información y hacen referencia a la imagen física que esta persona proyecta.

Es fundamental que el formador transmita una imagen positiva para los alumnos. Se debe cuidar el aspecto externo y los artefactos que se usen, como los adornos y prendas de vestir. La manera adecuada de vestir depende de la situación y siempre debe estar en consonancia con lo que cada colectivo de alumnos espera del formador.

Ejemplo

Sería negativo vestir pieles para impartir un curso cuyo objetivo fuese desarrollar actitudes positivas hacia la protección del medio ambiente.

En cualquier caso, se debe llevar ropa que resulte cómoda, bien cuidada y no demasiado llamativa. A los adornos y al peinado se aplican las mismas reglas que al vestido.

Importante

Un objetivo fundamental del formador es dirigir la atención de los alumnos hacia el contenido que está desarrollando, nunca hacia su persona.

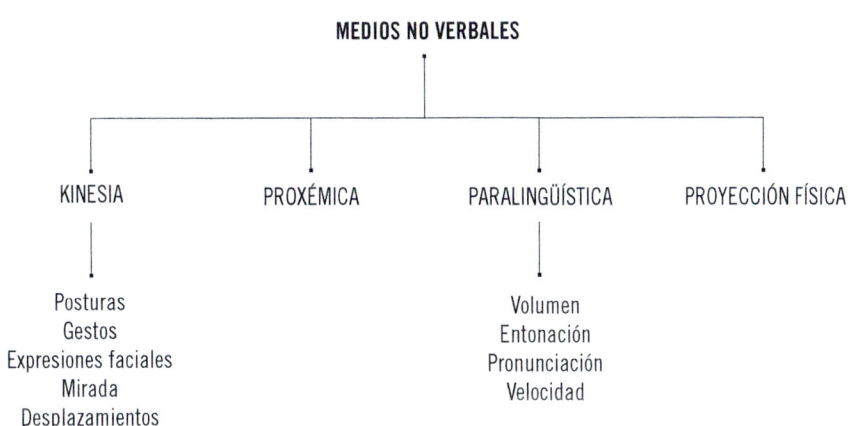

Finalmente, conviene recordar que si el formador observa atentamente la comunicación no verbal que expresan los alumnos, obtendrá una gran cantidad de información.

Hay numerosos signos no verbales que puede mostrar el alumno:

- **Atención:** posturas del cuerpo (inclinado hacia delante, hacia atrás...).
- **Necesidad de hablar:** movimientos sutiles de la boca, de la mano, etc.
- **Irritación:** movimiento de pies, manipulación de objetos sobre la mesa, etc.

- **Concentración:** tomar apuntes, mirar al docente, etc.
- **Cansancio:** cuerpo hundido, suspiros, etc.
- **Inercia:** silencios de todo el grupo, etc.
- **Desinterés:** cerrar el cuaderno, bostezar, mirar al vacío, etc.
- **Sorpresa:** levantar los brazos, abrir la boca, levantar las cejas, abrir los ojos, etc.

Si se observan estos elementos de forma atenta, se podrá obtener información sobre la comprensión del mensaje y el estado emocional de los alumnos, lo que será de gran utilidad para el formador durante el curso.

La comunicación no verbal aporta información al formador sobre los alumnos

5. Técnicas de secuenciación de contenidos

Una vez seleccionados los contenidos, hay que ordenarlos secuencialmente. La **secuenciación y estructuración de los contenidos** es el proceso que permite situarlos en una configuración que produce el máximo aprendizaje en el mínimo tiempo posible.

Algunas de las técnicas para la secuenciación de contenidos son las siguientes:

- Que los contenidos estén de acuerdo con los objetivos propuestos y con los plazos previstos para conseguirlos.

- Empezar por los contenidos más próximos y significativos para el alumno, para llegar poco a poco a lo desconocido. De esta manera, resultará más fácil introducir los nuevos contenidos.
- Ir de lo inmediato a lo remoto.
- Ir de lo concreto a lo abstracto.
- Ir de lo más fácil a lo más difícil. Esto motiva al alumnado porque le va mostrando los avances de manera rápida.

Las principales ventajas que este proceso conlleva son:

- Ayuda al participante a pasar de un conocimiento o habilidad a otro.
- Garantiza que los conocimientos y habilidades previas son alcanzados antes de introducir elementos nuevos.
- Reduce el tiempo de formación.
- Evita la confusión y los fallos en el participante.

Estos puntos son los principales aspectos a tener en cuenta cuando se realiza la presente fase de la programación de la formación, es decir, cuando se fijan los contenidos de la formación.

6. La selección y planificación de estrategias didácticas

Las personas que realizan un curso de formación son diversas, por ello es muy importante que las estrategias didácticas se adapten, de la mejor forma posible, al contexto y permitan una flexibilidad.

 Definición

Estrategias didácticas
Son procedimientos que el formador emplea para facilitar el aprendizaje, con la intención de que éste sea significativo.

Tras la selección y estructuración de contenidos, llega el momento de decidir la modalidad de formación a seguir y la metodología a utilizar en su impartición. Pero esta decisión no se puede tomar arbitrariamente, sino que ha de basarse en unos criterios. Los criterios de decisión básicos para determinar qué estrategia y qué método de formación es el adecuado, son:

- La compatibilidad con los objetivos.
- Los principios generales del aprendizaje del adulto: individualización, motivación, utilidad, practicidad, intereses, etc.
- Los principios de rigor, realismo y participación.
- El carácter eminentemente aplicativo de los aprendizajes.
- La posibilidad de transferir los aprendizajes al puesto de trabajo.
- Los recursos disponibles, incluido el tiempo.
- Los factores relacionados con los participantes, como el estilo de aprendizaje, la edad, el tamaño del grupo, la motivación, etc.

Una vez escogido el método, se observa que ninguno es químicamente puro, sino que unos participan de otros. Por lo demás, todo método puede ser adecuado o inadecuado dependiendo del modo en que sea empleado.

Los formadores deben utilizar los métodos flexiblemente, de la forma que mejor se adapten al estilo de formación, a la materia y a los alumnos, complementando cada método con la técnica y recurso didáctico más acorde.

7. La selección y planificación de medios y recursos didácticos

Para realizar cualquier acción formativa, hace falta algo más que elegir y aplicar unos métodos y unas técnicas. Son necesarios los medios y recursos didácticos, que van a ayudar a desarrollar la metodología seleccionada en el aula. Los medios y recursos didácticos permiten el trasvase de información formador-alumno.

 Definición

Medios didácticos
Son materiales elaborados para facilitar los procesos de enseñanza-aprendizaje.

Recursos didácticos
Son soportes mediante los cuales se presentan los contenidos del curso a los alumnos.

A la hora de escoger el medio o recurso a utilizar, se deben tener en cuenta los siguientes criterios:

- **Características de la materia o tema.** Dependiendo de la naturaleza de los contenidos, éstos pueden ser transmitidos por unos u otros métodos.
- **Los objetivos del curso.** Toda selección de medios y estrategias de enseñanza deben realizarse en función de éstos.
- **La disposición del aula y el número de alumnos.** Hay que tener cuidado, sobre todo en la visibilidad de alguno de los recursos, porque pueden perder eficacia.
- **Tiempo disponible para la formación.** Este elemento tiene que estar siempre presente, porque, en función del tiempo que se tenga, se elegirá lo que se adapte mejor a las necesidades.
- **Recursos disponibles,** ya que en algunas ocasiones están a nuestro alcance.
- **El uso que se haga de ellos,** cuál es la finalidad, qué es lo que se pretende y en qué momento se van a utilizar.
- **El nivel de conocimiento de los alumnos** sobre el tema.

Todos estos puntos se han de tener en cuenta a la hora de escoger un medio o recurso didáctico. La finalidad de éstos no es otra que la de fundamentar, apoyar y reforzar el acto formativo.

8. La planificación de la evaluación del proceso de enseñanza-aprendizaje

La aplicación de programas de formación lleva a la obtención de unos determinados resultados. Éstos serán los frutos de la formación y mostrarán el grado de eficacia y eficiencia con que se lleva a cabo la función formativa.

Los resultados indican el éxito de la formación mediante su contraste con los objetivos fijados anteriormente. Este procedimiento recibe el nombre de **evaluación,** proceso ampliamente conocido y con trascendencia reconocida para la formación. Según el proceso de evaluación aplicado, los resultados obtenidos serán reales y fiables, o bien, falseados.

Para que los resultados de la evaluación muestren con certeza el grado de éxito alcanzado con la formación, es necesario un requisito previo: el establecimiento de criterios de evaluación durante el proceso de planificación de la formación. Los criterios actúan como puntos de referencia, a partir de los cuales se valoran los resultados obtenidos.

Los criterios de evaluación han de fijarse con mucha atención, ya que determinan el proceso de evaluación, y éste juzga el grado de éxito de la función formativa.

El primer aspecto a tener en cuenta es la validez: los criterios de evaluación han de ser válidos en relación a los elementos del proceso formativo.

Los aspectos que determinan el grado de validez de los criterios de evaluación son:

- La relevancia.
- La no deficiencia.
- La no contaminación.
- Su fiabilidad.

El establecimiento de criterios válidos y fiables permitirá elaborar un proceso de evaluación de la formación que mida rigurosamente la eficacia y la eficiencia de la función formativa.

9. El seguimiento formativo

El seguimiento es un proceso continuo que sirve para evaluar la eficacia del uso de los recursos y para saber qué iniciativas se pueden emprender para mejorar el aprovechamiento de los recursos formativos.

El seguimiento, además de realizarse después de haber finalizado la planificación formativa, también se realiza antes de la acción.

9.1. Características

El seguimiento formativo permite evaluar los distintos componentes (desde los alumnos hasta todos los elementos que forman la programación) que intervienen en él durante todo el proceso de formación.

El seguimiento formativo se diferencia de la evaluación en que éste tiene que ver más con tareas organizativas, de coordinación, administrativas, etc.; sin embargo, la evaluación valora aspectos de los procesos de formación, como pueden ser la comunicación, el aprendizaje de los nuevos conocimientos, etc.

Con la realización adecuada de un seguimiento formativo:

- Se pueden **descubrir errores o desajustes** en el proceso de enseñanza-aprendizaje antes de que se realice la evaluación final para comprobarlos.
- Se pueden **corregir los errores** en el momento en el que se están produciendo.
- Además, **se detectan los aspectos positivos** que tienen lugar a lo largo de todo el proceso y las **posibles mejoras** que se pueden realizar.

El seguimiento formativo tiene que ser realizado por todas las personas que están implicadas en la realización de los cursos de formación (tutores, coordinadores, técnicos, etc.), por ello, el formador es una figura importante en el proceso de formación, ya que se encuentra implicado en él.

El proceso de formación debe estar planificado, pensado y planteado antes de que empiece la acción de formación, nunca debe llevarse a cabo de manera cerrada, sino que tiene que estar abierto a cualquier cambio que se considere necesario.

9.2. Finalidad

Son varias las finalidades que persigue el seguimiento formativo:

- Ayudar a comprender por qué ocurren algunas cosas y qué se puede hacer para intervenir en ese proceso que se está llevando a cabo.
- Identificar y solucionar los problemas que surgen a lo largo del proceso.
- Contribuir para elaborar planes de formación de manera objetiva, sin desviarse de la finalidad éste.
- Colaborar en la disminución y control del uso de los recursos materiales.
- Determinar el nivel que puede alcanzar el rendimiento y relacionarlo con el rendimiento actual.
- Diagnosticar y detectar problemas para llevar a cabo las acciones correctivas pertinentes.

9.3. Planificación

El seguimiento formativo debe planificarse antes y durante la acción formativa.

El objetivo de este seguimiento es comprobar la eficacia de la acción formativa antes de que ésta llegue a su fin, es decir, es necesario que durante este proceso todos los elementos que van a formar parte del aprendizaje estén planificados.

Los dos momentos que hay que tener en cuenta para planificar el seguimiento formativo son:

- **Antes de la acción formativa:** es necesario conocer las necesidades, el perfil del alumno, qué materiales, instrumentos, recursos, medios didácticos se van a usar.

■ **Durante la acción formativa:** aquí el seguimiento se utiliza para comprobar los posibles errores y mejoras que se pueden llevar a cabo. Ofrece la posibilidad de poder modificar aquellas acciones o medios que dificultan el avance del aprendizaje.

10. Instrumentos para el seguimiento

A lo largo de un ciclo formativo pueden suceder errores y surgir problemas, esto abarca desde la identificación de necesidades hasta la planificación, el diseño, la implantación y la evaluación. Por todo esto, es importante saber cuál es la causa del problema y saber tomar las medidas oportunas para que no se origine nuevamente.

Para detectar el origen del problema, siempre se necesita una información determinada, ésta sólo se puede obtener mediante técnicas que ayuden a obtenerlas, es decir, que permitan recabar y analizar los datos obtenidos.

Para el seguimiento del proceso de enseñanza-aprendizaje, se pueden confeccionar diferentes tipos de instrumentos de evaluación, como pueden ser los cuestionarios y utilizar la observación directa, etc., si el tipo de formación lo permite (presencial o semipresencial). Estos instrumentos variarán según el tipo de datos que se quiera conseguir.

Un ejemplo de plantilla para recoger y analizar la información podría ser esta:

CURSO:		1º Módulo	2º Módulo	3ºMódulo
	Suficiente			
	Insuficiente			
Objetivos del módulo	Adecuado			
	Inadecuado			

Continúa en página siguiente >>

<< Viene de página anterior

CURSO:		1º Módulo	2º Módulo	3ºMódulo
Contenidos del módulo	Suficiente			
	Insuficiente			
	Adecuado			
	Inadecuado			
Metodología	Suficiente			
	Insuficiente			
	Adecuado			
	Inadecuado			
Actividades y recursos	Suficiente			
	Insuficiente			
	Adecuado			
	Inadecuado			
Recursos materiales	Suficiente			
	Insuficiente			
	Adecuado			
	Inadecuado			
Recursos humanos	Suficiente			
	Insuficiente			
	Adecuado			
	Inadecuado			
Proceso de evaluación	Suficiente			
	Insuficiente			
	Adecuado			
	Inadecuado			
Nivel de satisfacción del alumnado	Suficiente			
	Insuficiente			
	Adecuado			
	Inadecuado			

Para el seguimiento del aprendizaje, como la información que se obtiene es de diferente índole, se recogerá mediante la aplicación de las técnicas seleccionadas y elaboradas para la evaluación de cada uno de los aspectos planteados (observación directa de los trabajos, participación, cuestionarios acerca de la motivación y satisfacción del alumnado, etc.).

Por ejemplo, los contenidos que se podrían incluir en la "parrilla" de análisis son los siguientes:

CURSO		1er Módulo	2º Módulo	3er Módulo
Conceptos (comprende los contenidos conceptuales)	Con facilidad			
	Con normalidad			
	Con dificultad			
Procedimientos (aplica y desarrolla los contenidos procedimentales)	Con facilidad			
	Con normalidad			
	Con dificultad			
Actitudes (manifiesta las actitudes adecuadas a los contenidos)	Con facilidad			
	Con normalidad			
	Con dificultad			
Motivación y participación	Con facilidad			
	Con normalidad			
	Con dificultad			
Satisfacción del alumno	Con facilidad			
	Con normalidad			
	Con dificultad			

Dos de las herramientas básicas son:

- **Los diagramas de flujo:** éstos sirven para desglosar en forma de componentes, para presentar una clara imagen de lo que ocurre.
- **Los checklists:** éstos son especialmente útiles para garantizar que se han realizado todas las acciones necesarias. Es otro método de ayuda orientado a los formadores y participantes para preparar, utilizar y solucionar los problemas del equipamiento.

Otros métodos de seguimiento y control que pueden ayudar en la formación son:

- Las reuniones formales e informales.
- Pasar un informe de las sesiones, cuestionarios de satisfacción o formularios de evaluación del curso.
- Entrevistas de evaluación.

 **Recuerde**

Algunos de los instrumentos de seguimiento más utilizados son:

❙ Cuestionario de satisfacción
❙ Cuestionario de motivación
❙ Observación directa
❙ Reuniones formales e informales
❙ Entrevistas de evaluación

11. Metodología de la evaluación del diseño de formación

Los métodos empleados en la evaluación siempre suelen son los mismos, independientemente de que se evalúen los objetivos, los contenidos, los recursos, etc. A pesar de esto, hay que tener en cuenta que no se deben utilizar todos los métodos que se van a nombrar, sino que todo dependerá de lo que se esté evaluando.

Los métodos más frecuentes son:

- Observación sistemática.
- Observación mediante observadores externos o internos del grupo.
- Análisis de trabajo.
- Entrevistas personales.
- Situaciones de simulaciones.

- Diálogos, debates.
- Cuestionarios específicos.
- Inventarios.
- Grabaciones en vídeo.
- Etc.

11.1. Evaluación de los objetivos

Cuando se diseña el programa formativo, se deben concretar los objetivos que serán objeto de evaluación al finalizar el curso, para comprobar si éstos se han alcanzado o no.

Los objetivos marcan aquellos aspectos claves que debe adquirir el alumno para alcanzar unas competencias determinadas. Éstos determinarán lo que el alumno será capaz de saber y saber hacer al acabar el curso, en unas condiciones dadas y con unos medios determinados.

Si, al finalizar el curso, se observa que los objetivos no se han cumplido en su totalidad, hay que analizar cuál ha sido la causa de este error y corregirlos. Si se han cumplido los objetivos, habrá que determinar los motivos de éxito, para volver a ponerlos en práctica en futuros cursos.

Los objetivos marcados al inicio de la formación sirven para:

- Dirigir la formación, es decir, saber hacia dónde se quiere llegar con ésta.
- Comprobar qué se ha logrado.
- Facilitar la evaluación, ya que se sabe cuáles son los objetivos que hay que evaluar.
- Reorientar la formación en el mismo momento que se está realizando.
- Elegir los métodos más adecuados para la formación.

La evaluación de los objetivos debe medirse atendiendo a:

- **Objetivos generales:** son utilizados para saber cuáles son las competencias generales.
- **Objetivos específicos:** parten de los objetivos generales.

■ **Objetivos operativos:** son derivados de los específicos. Son objetivos más concretos y siempre deben estar relacionados con actividades u operaciones determinadas. Son los más fáciles de medir.

Ejemplo

Objetivos específicos para evaluar un curso de primeros auxilios:

I Aprender los conceptos básicos y generales de los primeros auxilios.
I Adquirir las habilidades y aplicar los principios de actuación para poder reaccionar adecuadamente en situaciones de urgencia.
I Conocer los aspectos jurídicos relacionados.

11.2. Evaluación de los contenidos

La evaluación de los contenidos se realizará para comprobar si los objetivos que se habían marcado al principio de la formación se han logrado, así como para eliminar aquellos contenidos que no aportan nada al curso.

Se debe tener siempre en cuenta que se puede lograr un mismo objetivo de formación utilizando diversos contenidos.

Para evaluar los contenidos, hay que comprobar si se ha seguido una secuencia lógica a la hora de impartirlos. Esta secuencia permite que los contenidos sean adquiridos por los alumnos de una manera más significativa, es decir, facilita el aprendizaje de los mismos.

Para que la evaluación de los contenidos resulte positiva, éstos deben ir expuestos:

■ De acuerdo con los objetivos propuestos y con los plazos previstos para conseguirlos.
■ De lo conocido a lo desconocido.

- De lo inmediato a lo remoto.
- De lo concreto a lo abstracto.
- De lo fácil a lo difícil.

Otro aspecto a tener en cuenta para que la evaluación de los contenidos sea positiva, es que éstos se deben estructurar adecuadamente, por ejemplo, mediante módulos, unidades didácticas, etc. Éstas tienen que abarcar los conocimientos, las habilidades y las actitudes que capacitan al alumno para poner en práctica las funciones que desempeñará en su puesto de trabajo. Por lo general, se pueden constituir equivalencias entre objetivos generales y cursos, objetivos específicos y módulos, unidades didácticas, etc. así como entre objetivos operativos y sesión formativa,.

 Ejemplo

Siguiendo el ejemplo anterior de primeros auxilios, los contenidos que se evaluarán para comprobar si se han logrado o no los objetivos anteriormente propuestos, son:

❙ Primeros auxilios: conceptos generales.
❙ Soporte vital básico (reanimación cardio-pulmonar)-adultos.
❙ Soporte vital básico-niños.
❙ Soporte vital instrumental.
❙ Traumatismos osteoarticulares. Inmovilizaciones (vendajes y férulas improvisadas).
❙ Movilización de urgencia y posiciones de espera.
❙ Traumatismos craneales y vertebro-medulares.
❙ Otras situaciones de emergencia.

11.3. Evaluación de la metodología

La evaluación de la metodología consiste en comprobar que los métodos que se han utilizado son los adecuados para lograr los objetivos formativos, aunque éstos deben ser flexibles a la hora de utilizarlos, ya que deben adaptarse a la materia tratada, a los alumnos, a los recursos disponibles, etc.

Para conseguir que la evaluación de la metodología sea positiva, se deben tener en cuenta las características que se emplean para definir un método. Éstas pueden ser:

- Presentar y mostrar la problemática del tema para que, a través de la reflexión y el esfuerzo, el alumno pueda resolverla.
- Respetar tanto la libertad de expresión como de creación.
- Las actividades que están destinadas al alumno tienen que ser dirigidas por el formador para que el alumno reflexione y participe.
- Motivar al alumno, relacionando los temas con sus intereses, motivaciones y necesidades.
- Organizar los nuevos aprendizajes para que se integren con los ya adquiridos.
- Tener en cuenta las limitaciones y las posibilidades que tiene cada alumno.
- Dar lugar a la acción individualizada a través de tareas que requieran planteamientos y acciones individualizadas.

11.4. Evaluación de actividades y recursos

Las **actividades** son unos elementos que acompañan a los contenidos formativos, ya que éstas refuerzan los contenidos que son expuestos por el formador. Siempre debe existir coordinación entre ambos, para esto se deben seleccionar adecuadamente tanto los métodos como las técnicas.

Para evaluar las diversas actividades que se han desarrollado, hay que formular una serie de preguntas para saber si las actividades han sido eficaces o han fallado en su ejecución. Algunas de estas preguntas pueden ser:

- ¿Qué ha hecho el alumno?
- ¿Ha sabido aplicar los conocimientos necesarios para lograr resolver las actividades?
- ¿Valora y comprende la finalidad de la actividad?
- ¿Ha mostrado interés en la realización de la misma?
- ¿Qué ha aprendido?
- ¿Han sido válidas las actividades?

- ¿Cuáles han fallado? ¿Por qué?
- ¿Se han alcanzado los objetivos?
- Etc.

Junto con las actividades, los recursos también tienen que ser evaluados, ya que de ellos va a depender en cierta manera la eficacia de las actividades. Por eso, en la evaluación de los recursos hay que tener en cuenta la eficacia de aquellos que se han utilizado y cuáles son los que se hubieran necesitado para desarrollar el curso.

Se pueden distinguir varios criterios para evaluar la eficacia de los recursos:

- Su calidad, porque actúa como mediador entre la realidad y la estructura cognitiva del alumno.
- El contexto metodológico, ya que todo va a depender de la metodología usada por el formador.
- Los propios alumnos, sus motivaciones, intereses, etc.
- La experiencia del formador en el manejo de los diversos recursos, sus habilidades, etc.

También es necesario tener en cuenta qué evaluar de los recursos:

- La rentabilidad de éstos.
- El aprovechamiento para distintas finalidades.
- El mantenimiento.
- La actualización, deben adaptarse a las nuevas tecnologías.
- La adecuación al proceso de enseñanza-aprendizaje.
- Posibilitar la acción, estimular y responder a las curiosidades presentes en el alumnado.

11.5. Evaluación del formador

La figura del formador es muy importante a lo largo de todo el proceso formativo, ya que, en cierta manera, el éxito o el fracaso de la formación recae sobre él, por lo tanto, es imprescindible conocer previamente a la persona que va a impartir un curso.

El formador es el mediador entre los contenidos y los alumnos, por lo que debe evaluarse de forma continua y a lo largo de todo el proceso de enseñanza-aprendizaje, así como al final del proceso, momento en que se comprobará si los métodos y estrategias que ha diseñado y utilizado han sido los adecuados, introduciendo posibles modificaciones para las prácticas futuras.

La evaluación del formador se puede realizar desde varias vertientes, en cada una de ellas se evalúan aspectos diferentes, pero todas persiguen el mismo fin, que es fomentar la calidad de la formación.

Evaluación realizada por los alumnos

Los alumnos pueden evaluar aspectos como la relación del formador con los alumnos, la organización de las sesiones, el control de clase, la efectividad de la enseñanza, etc.

En la siguiente tabla se muestra un cuestionario a modo de ejemplo:

Marque la opción que más se adecúe a las características que prevalecieron a lo largo del curso

---

1. Las oportunidades que tuve para realizar preguntas en clase fueron:
   a. Frecuentes
   b. Regulares
   c. Escasas
   d. Muy escasas

---

2. El interés que mostró el formador respecto a los alumnos fue:
   a. Satisfactorio
   b. Regular
   c. Poco
   d. Muy pobre

---

3. El clima existente en el aula fue:
   a. Bueno
   b. Regular
   c. Tenso
   d. Malo

Continúa en página siguiente >>

<< Viene de página anterior

**Marque la opción que más se adecúe a las características
que prevalecieron a lo largo del curso**

---

4. En la prueba final se evaluaban los contenidos dados a lo largo del curso:
    a. Sí
    b. No

---

5. El material presentado en el curso fue:
    a. Original
    b. Poco original
    c. Nada original

---

6. Las actividades que realicé para asimilar los contenidos fueron:
    a. Útiles
    b. Regulares
    c. Pobres
    d. Inútiles

---

7. El contenido marcado para el curso se expuso en su totalidad:
    a. Sí
    b. No

---

8. El grupo de alumnos afectó a mi aprendizaje:
    a. De manera positiva
    b. De manera negativa
    c. No me afectó

---

9. El material audiovisual me pareció:
    a. Atractivo
    b. Regular
    c. Inadecuado

---

10. Los procesos, problemas y soluciones experimentados en el trabajo en grupo fueron:
    a. Bien planteados
    b. Regular planteados
    c. Mal planteados

---

11. Las exposiciones por parte del docente me parecieron:
    a. Buenas
    b. Regulares
    c. Malas

Continúa en página siguiente >>

<< Viene de página anterior

Marque la opción que más se adecúe a las características que prevalecieron a lo largo del curso

12. La actuación del profesor durante el curso evidenció:
    a. Un elevado conocimiento de la materia
    b. Un mediano conocimiento
    c. Un escaso conocimiento

13. El profesor supo controlar las conductas perturbadoras sucedidas a lo largo del curso de forma:
    a. Eficaz
    b. Regular
    c. Ineficaz

14. El ritmo que siguió el profesor al exponer los contenidos me pareció:
    a. Muy bueno
    b. Satisfactorio
    c. Monótono

15. La secuencia de presentación de los contenidos del curso fue:
    a. Lógica
    b. Regular
    c. Arbitraria

16. La actuación del profesor despertó interés y motivación:
    a. Muchas veces
    b. Algunas veces
    c. Pocas veces
    d. Ninguna vez

Evaluación realizada por el propio formador

En esta evaluación, el formador va a evaluar la preparación del curso, el desarrollo del mismo, y también realizará una evaluación propia de su actuación como formador.

En la siguiente tabla se muestra un cuestionario a modo de ejemplo:

Marque la opción que más se adecúe a las características que prevalecieron a lo largo del curso

A. PREPARACIÓN DEL CURSO

1. ¿Cómo ha sido el tiempo con el que ha contado?
   a. Suficiente
   b. Insuficiente

¿Por qué? _____

2. ¿Cómo considera la distribución de las sesiones del curso?
   a. Adecuadas
   b. Inadecuadas

¿Por qué? _____

3. ¿Ha dispuesto de las guías didácticas del curso?
   a. Sí
   b. No

¿Por qué? _____

4. ¿Ha dispuesto de los recursos necesarios para la preparación de sus sesiones?
   a. Sí
   b. No

¿Cuáles le han hecho falta? _____

5. Teniendo en cuenta su nivel de formación, ¿ha necesitado apoyo por parte de la dirección del curso?
   a. Sí
   b. No

¿Cómo ha sido el apoyo? _____

B. DESARROLLO DEL CURSO

6. ¿El desarrollo de las sesiones (distribución y tiempo) se ha correspondido con la planificación prevista?
   a. Sí
   b. No

7. ¿La metodología utilizada para el desarrollo de las sesiones ha propiciado la participación e implicación del alumnado?
   a. Sí
   b. No

¿Por qué? _____

Continúa en página siguiente >>

<< Viene de página anterior

Marque la opción que más se adecúe a las características que prevalecieron a lo largo de curso

---

8. ¿Considera que el clima del curso ha sido el adecuado?
   a. Sí
   b. No

¿Por qué? _____

9. ¿El contexto donde se ha desarrollado el curso ha sido adecuado y oportuno?
   a. Sí
   b. No

¿Por qué? _____

10. ¿Ha conseguido los objetivos propuestos?
    a. Sí
    b. No

¿Por qué? _____

C. AUTOEVALUACIÓN

11. Evalúe de 1 a 4 los siguientes apartados relacionados con su intervención como formador, donde:

    1. Considero imprescindible mejorar mi formación en este aspecto.
    2. Considero necesario mejorar mi formación en este aspecto.
    3. Cuento con recursos necesarios para el desarrollo ajustado del curso, pero podría encontrar dificultades si éste cambia el rumbo prefijado.
    4. Mi formación al respecto es adecuada y dispongo de recursos suficientes para el desarrollo óptimo del curso.

	1	2	3	4
Dominio de los contenidos				
Metodología/didáctica empleada				
Comunicación con el alumnado				
Trabajo en equipo				

D. AMPLIACIÓN

Puede anotar a continuación cualquier aportación que desee realizar y no haya sido considerada en este cuestionario.

_____

_____

_____

11.6. Tipos de evaluación

Existen diferentes tipos de evaluación, cada una se aplicará atendiendo a diferentes criterios.

Según su finalidad o función de la evaluación

Diagnóstica

Esta evaluación, como su nombre indica, tiene un carácter diagnóstico, ya que permite que se conozcan las potencialidades del alumno. De esta manera, la actividad didáctica se dirige de forma más efectiva.

Formativa

Se utiliza como estrategia para mejorar y ajustar los procesos formativos en el momento que se están llevando a cabo, para alcanzar las metas y los objetivos marcados. La evaluación formativa es aplicable a la evaluación de procesos.

Sumativa

Se aplica a la evaluación de productos terminados, es decir, se sitúa concretamente cuando finaliza un proceso, cuando éste se considera acabado. Su propósito es determinar el grado en que se han conseguido los objetivos establecidos, para evaluar de forma positiva o negativa el resultado. Esta evaluación permite tomar medidas tanto a medio como a largo plazo.

Según el momento de aplicación de la evaluación

Inicial

Se produce al principio del proceso de enseñanza-aprendizaje. La función que tiene la evaluación inicial es identificar el nivel de conocimientos que tienen los alumnos que inician un curso y, de esta manera, comprobar si los alumnos cuentan con los conocimientos necesarios para comenzarlo, y determinar si es posible impartirlo de acuerdo al programa formativo o si se requiere alguna modificación.

Procesual

La evaluación procesual se basa en valorar, de forma continua, el aprendizaje de los alumnos y la enseñanza del profesor, a través de la recogida sistemática de datos, toma de decisiones, etc.

La evaluación procesual es totalmente formativa, ya que, al favorecer la recogida continua de datos, permite tomar decisiones en el mismo momento que se considere necesario.

Los resultados que se obtienen forman la base permanente para el formador a la hora de programar las actividades diarias, así como para establecer las actividades y los procedimientos más apropiados. De esta manera, se evitan las dificultades que se puedan producir en los aprendizajes que se están llevando a cabo. La finalidad de todo esto es evitar errores y vacíos en los aprendizajes posteriores.

Final

La evaluación final es aquella que se realiza al finalizar la formación, por lo tanto ésta recoge y valora los resultados obtenidos a lo largo de un periodo formativo.

Según su extensión

Global

Tiene en cuenta todos los elementos y procesos que guardan relación con todo lo que es objeto de evaluación. Por ejemplo, si se trata de evaluar el proceso de aprendizaje de los alumnos, esta evaluación se centra en todas las áreas en general, pero sobre todo en los diversos tipos de contenidos de enseñanza (conceptos, procedimientos, valores, normas, etc.).

Parcial

Esta evaluación no se realiza de manera global, sino que se lleva a cabo por partes, es decir, evalúa los componentes que más interesan.

Según los agentes que realizan la evaluación

Autoevaluación o evaluación interna

Es el proceso sistemático mediante el cual una persona o grupo examina y valora sus procedimientos, comportamientos y resultados, para identificar qué quiere corregir o modificar en él. La evaluación interna muestra que los alumnos están más motivados a la hora de realizar una tarea difícil. La puesta en práctica de la autoevaluación no conlleva que el profesorado abandone sus funciones, sino que implica una concepción diferente de la enseñanza.

La autoevaluación ofrece al estudiante ayuda para descubrir sus necesidades, cantidad y calidad de su aprendizaje, causas de sus problemas, dificultades y éxitos en el estudio. De esta manera, el alumno puede conocerse de manera más concreta.

Heteroevaluación o evaluación externa

La evaluación externa es realizada o llevada a cabo por otra persona que no es el protagonista del aprendizaje. En esta evaluación, lo más frecuente es que el profesor evalúe al alumno.

TIPOS DE EVALUACIÓN	
Según su finalidad o función	- Diagnóstica - Formativa - Sumativa

Continúa en página siguiente >>

<< Viene de página anterior

TIPOS DE EVALUACIÓN	
Según su momento de aplicación	- Inicial - Procesual - Final
Según su extensión	- Global - Parcial
Según los agentes que la realizan	- Autoevaluación o evaluación interna - Heteroevaluación o evaluación externa

Solucionarios de ejercicios de repaso y autoevaluación

Contenido

Solucionario 1

Recursos sociales y comunitarios para personas con discapacidad

Solucionario Capítulo 1

1. **La situación desventajosa para un individuo determinado que limita o impide el desempeño de un rol que es normal para su edad, sexo y factores sociales y culturales recibe el nombre según la CIDDM de...**

    a. ... discapacidad.
    b. **... minusvalía.**
    c. ... deficiencia.
    d. ... limitaciones de la actividad.

2. **De las siguientes afirmaciones, diga cuál es verdadera o falsa.**

    a. La prevención es un proceso de duración limitada con un objeto definido que se encamina a que la persona con deficiencias alcance un nivel físico, mental y/o social funcional óptimo, proporcionándole así los medios de modificar su propia vida.

    ☐ Verdadero
    ☑ **Falso**

    b. En la formulación de la Clasificación Internacional del Funcionamiento, la Salud y la Discapacidad (CIF) subyacen dos elementos: el principio de universalidad y el principio de continuidad. El primero señala que la discapacidad es un proceso dinámico. El segundo señala que es algo común en la condición humana, no una característica de un grupo reducido de la población.

    ☐ Verdadero
    ☑ **Falso**

    c. Los elementos clave de la CIF son: funcionamiento y discapacidad (incluye: cuerpo y actividades y participación) y factores contextuales (incluye: factores ambientales y factores personales).

    ☑ **Verdadero**
    ☐ Falso

3. Relacione cada momento histórico con la concepción de la discapacidad o hito histórico al que corresponde.

   a. Siglo XVI.
   b. Ilustración.
   c. Antigüedad clásica.
   d. Actualidad.
   e. S XIX.
   f. S XX.
   g. Prehistoria.

   g. Demonológica.
   d. Modelo bio-psico-social.
   b. Cambio paradigmático: pacientes, enfermos.
   c. Enfoque naturalista.
   f. Integración, principio de normalización.
   e. Sistemas de medición y clasificación.
   a. Humanismo cristiano.

4. La discapacidad es tratada como un problema del sujeto por una anormalidad física, mental o sensorial de cura improbable, en la que el paciente, sujeto pasivo en la rehabilitación, asume su papel de enfermo, y el médico el rol profesional, en busca de la salud y la rehabilitación de la persona enferma. Este enunciado corresponde al modelo...

   a. ... social.
   b. ... bio-psico-social.
   c. ... médico.
   d. Todas las opciones son incorrectas.

5. Desde el modelo bio-psico-social se distinguen tres aspectos o factores que configuran a la persona de una manera única y juegan un papel significativo en la comprensión de la discapacidad y de la enfermedad. ¿Cuáles son y a qué hacen referencia?

   ▪ Factor social: hace referencia a las influencias ambientales a las que se expone en sujeto.
   ▪ Factor biológico: la herencia tiene un papel preliminar en la configuración de la persona.
   ▪ Factor psicológico: manera en que se configuran el pensamiento, las emociones o las conductas a nivel individual.

6. **Complete el siguiente texto.**

No se conocen las causas exactas en la mayor parte de los casos de discapacidad intelectual y, cuando se han identificado, puede hablarse de cientos. De acuerdo a la AAMR (Asociación Americana del Retraso Mental), pueden ser: **prenatales** (antes del nacimiento), **perinatales** (durante el embarazo y el nacimiento) o **postnatales** (tras el nacimiento). Puede deberse a factores **orgánicos** o **ambientales.**

7. **La discapacidad física está compuesta por un grupo de población muy heterogéneo. Indique alguna de las clasificaciones más utilizadas.**

Podemos separar tipos de lesiones de acuerdo al lugar afectado: si son de origen cerebral; neuromuscular, medular o periférico; o no neurológico.

Otra clasificación de las discapacidades motrices se hace por localización o por origen de las mismas.

Una tercera clasificación diferencia discapacidades físicas motrices, discapacidades físicas por enfermedad y discapacidades físicas mixtas.

8. **¿Qué es la deficiencia auditiva? Desde una perspectiva sociolingüística, ¿dónde estriba la diferencia entre personas con o sin discapacidad?**

Es la pérdida de audición que puede ocasionar problemas en los intercambios comunicativos y requiere intervención médica, audiológica, educativa y/o social, dependiendo del grado de pérdida, la causa que la origina o su momento de inicio.

Desde una perspectiva sociolingüística, la diferencia no estriba en quién oye y quién no, sino en las consecuencias culturales que provoca la diferencia.

9. **La Clasificación Internacional de la Organización Mundial de la Salud (OMS), donde se diferencian los conceptos de deficiencia, discapacidad y minusvalía, se aprueba en...**

    a. ... la Declaración de los Derechos del Niño (ONU, 1959).
    b. ... la Declaración de la Asamblea de Rehabilitación Internacional. Auckland, 1996.
    c. **... la Resolución 29/35 de la XIX Asamblea Mundial de la Salud, mayo 1976.**
    d. ... la Convención Internacional de la ONU sobre personas con discapacidad, aprobada el 13 de diciembre de 2006 en la sede de Naciones Unidas en Nueva York.

10. **Con el Real Decreto Legislativo 1/2013, de 29 de noviembre, por el que se aprueba el Texto Refundido de la Ley General de derechos de las personas con discapacidad y de su inclusión social, se cambia la visión respecto a normas anteriores y el mensaje enviado a la sociedad es diferente. ¿Cuál es la principal intención de esta?**

No hay que decir a la persona con discapacidad física, psíquica y sensorial y a su familia que se integre, hay que decir a la sociedad que tiene que integrar a los discapacitados. La intención es que todas las personas discapacitadas puedan tener acceso a todos los espacios y a todos los servicios (cine, supermercado, playa, tiendas, etc.) y a todos los productos (ordenadores, coches, teléfonos móviles, etc.).

11. **La teoría ecológica de Bronfenbrenner (1987) recalca las condiciones físicas y sociales del entorno como influencia en el desarrollo, separando cuatro círculos de influencia interrelacionados. Relacione cada uno de ellos con los ejemplos que le corresponderían.**

   a. Microsistema: manera en la que se organiza la vida familiar.
   b. Mesosistema: relaciones que la familia establece con otras familias de su entorno.
   c. Exosistema: clase social, el sistema escolar vigente, el barrio, la televisión.
   d. Macrosistema: marco legal, normativo y constitucional actual.

12. **Cuando se estudia a la familia como agente importante de intervención e influencia en la persona con discapacidad, suele usarse el término "dolor crónico". ¿A qué hace referencia?**

Desde el nacimiento de la persona con discapacidad o desde el momento en que se tiene conocimiento de la misma, la familia aumenta su estado de estrés y de adaptación de manera cíclica, generando un sentimiento que Freixa (1993) denominó "dolor crónico".

13. **¿Por qué se hace especial referencia a los hermanos cuando se plantea la intervención familiar con personas con discapacidad? Justifique su respuesta.**

La llegada de un hermano con discapacidad puede originar cambios importantes en la vida de los hermanos. Desde la manera en que acepten la vida hasta el rol que desempeñarán o la percepción que tienen de ellos mismos. La manera en que los hermanos afronten la nueva situación es clave en la manera en que la persona con discapacidad se inserte en la unidad familiar, en la escuela y en la comunidad cercana.

14. **De acuerdo al Programa de Acción Mundial para personas con discapacidades, ¿cuál es la diferencia entre prevención y rehabilitación?**

Mientras en la prevención las medidas se encaminan a impedir que se produzcan deficiencias o que, si se han producido, tengan consecuencias secundarias, en la rehabilitación las medidas se destinan a la compensación y facilitar ajustes o reajustes sociales.

15. **¿A qué hace alusión la idea de que una de las funciones principales de las familias es la de transmitir las competencias humanas de generación en generación? Razone su respuesta.**

La familia tiene la funcionalidad de dotar a sus integrantes de destrezas y capacidades, principios, valores y aspectos fundamentales para el óptimo desarrollo de la persona no solo a nivel individual, sino también social. La familia es la primera institución de socialización del individuo y es la que perpetuará la adquisición de destrezas a lo largo de su ciclo vital.

Solucionario Capítulo 2

1. La concepción amplia que abarca la diferencia de todas las personas, pero que de una manera metódica presta mayor interés a grupos denominados de riesgo de exclusión social, y hace referencia a la singularidad partiendo de que todas las personas somos diferentes y, por tanto, debemos ser tratadas como tales, hace referencia al término...

    a. ... escuela inclusiva.
    b. ... apoyo a la integración.
    c. ... igualdad de oportunidades.
    d. ... atención a la diversidad.

2. De las siguientes afirmaciones, diga cuál es verdadera o falsa.

    a. Todos los alumnos son sujetos de necesidades especiales, si bien las necesidades educativas especiales conforman una determinada actuación de ayuda pedagógica o de servicio educativo que favorezca, dentro de lo posible, la continuidad de aprendizaje.

        ☑ **Verdadero**
        ☐ Falso

    b. Las dificultades de aprendizaje son algo inherente al sujeto en cuestión y no dependen en ningún caso del entorno educativo y la respuesta que este aporte.

        ☐ Verdadero
        ☑ **Falso**

    c. La orientación y apoyo que el alumno con necesidades educativas especiales recibirá como medida de intervención será anticipadora y preventiva, compensadora y/o complementaria y favorecedora del desarrollo individual y de la diversidad.

        ☑ **Verdadero**
        ☐ Falso

d. Para poder alcanzar una educación equitativa, la enseñanza adaptada a las características del alumnado ha pasado por diferentes enfoques en su evolución temporal. En el enfoque neutralizador se hace referencia a las aptitudes, no dejando especial interés a la construcción de capacidades, y se refleja en pruebas métricas de inteligencia que vinculan al alumno a un tipo de escolarización ordinaria o especial.

      ☐ Verdadero
      ☑ **Falso**

3. **La adquisición de un sistema alternativo o aumentativo de comunicación puede llevarse a cabo por medio de los siguientes recursos:**

    a. El código Bliss de símbolos gráficos.
    b. El Sistema Pictográfico de Comunicación (PSC).
    c. El lenguaje de signos.
    d. **Todas las opciones son correctas.**

4. **Para llevar a cabo la intervención educativa con personas con discapacidad intelectual es imprescindible analizar las necesidades educativas que presenten los alumnos en la realidad del contexto clase. Enlace las necesidades de desarrollo que pueden observarse de manera general con el tipo de programas o recursos que pueden usarse en la intervención en cada caso.**

    a. Necesidades en relación al desarrollo cognitivo. **Programas de intervención temprana, programas de educación compensatoria, programas de educación cognitiva, programas de enseñar a pensar en general, programas de enseñanza a pensar en áreas curriculares concretas.**

    b. Necesidades en relación al desarrollo de la autonomía personal. **Programas para el aprendizaje de destrezas sensoriomotoras, programas de adquisición de una autoimagen positiva y emancipación social.**

    c. Necesidades en relación al desarrollo de habilidades sociales. **Programas de desarrollo de habilidades sociales.**

    d. Necesidades en relación al desarrollo de la comunicación. **Programas basados en sistemas de comunicación sin ayuda y programas basados en sistemas de comunicación con ayuda.**

5. **¿Qué son las adaptaciones curriculares? ¿De qué tipo pueden ser y de qué dependen?**

Son ajustes o modificaciones que se realizan sobre los diferentes elementos de la oferta educativa y tienen como finalidad dar respuesta a las diferencias individuales del individuo. Pueden ser:

- Significativas: eliminan contenidos esenciales o nucleares y objetivos básicos que se consideran elementales para las diferentes áreas curriculares.
- No significativas: modifican elementos como actividades, temporalización, modificación de instrumentos de evaluación y metodología, pero no varían los contenidos ni los objetivos. Estos ajustes no son sustanciales en cuanto a la programación propuesta para el grupo clase.
- De acceso: no se puede señalar que sean adaptaciones curriculares individualizadas en sí, pues únicamente se adaptan los recursos materiales y personales para acercar el currículum al alumnado.

6. **Complete el siguiente texto.**

La evaluación psicopedagógica del alumnado con necesidades educativas especiales es realizada por **equipos multidisciplinares** competentes que, de manera coordinada, plantean decisiones curriculares adaptadas a la persona. Estos equipos profesionales especializados están compuestos por **orientadores de los centros, logopedas, maestros de educación especial,** sin que deje de colaborar **todo el profesorado implicado y la familia.**

7. **El criterio de selección de los materiales y recursos favorece su uso y rentabilidad por parte de toda la comunidad, teniendo en cuenta la disponibilidad de los mismos y la capacidad de utilización por parte de los profesionales implicados. Enlace cada recurso del listado con el tipo del que se trata.**

- a. Recursos personales: **médicos, logopedas y especialistas externos al centro, maestro de educación especial y maestro de audición y lenguaje, monitor de educación especial.**
- b. Recursos organizativos: **apoyo a la integración en el aula ordinaria, disponibilidad de la cancha para el horario de recreo, aula de estimulación multisensorial.**
- c. Recursos materiales (para el alumno y para el profesorado): **libros de texto y cuadernillo, geoplanos, plastilina, papel de texturas, tijeras, pizarra digital interactiva, bancos de imágenes y pictogramas, artículos actualizados para la formación de los profesionales.**

8. **Enlace cada recurso de los que se mencionan a continuación con la discapacidad a la que su uso a nivel educativo, social y comunitario, beneficiaría (puede que algunos recursos sean prácticos para distintas necesidades).**

   a. Audiómetro: **d. auditiva.**
   b. Tableros de comunicación: **d. auditiva y d. intelectual.**
   c. Bancos de imágenes: **d. intelectual y d. auditiva.**
   d. Ficheros cacofónicos: **d. visual y d. intelectual.**
   e. Pantalla táctil: **d. intelectual y d. motora.**
   f. Sistema alternativo o aumentativo de comunicación: **d. intelectual, d. visual y d. auditiva.**
   g. Lengua de signos española: **d. auditiva.**
   h. Aula de estimulación multisensorial: **d. motora.**
   i. Audioprótesis: **d. auditiva.**
   j. Versabraille: **d. visual.**

9. **La legislación actual recoge un conjunto de derechos sociales que soportan las políticas sociales llevadas a cabo y que se asientan en dos fenómenos: ¿cuáles son?; ¿qué quiere decir que desde los derechos de las personas con discapacidad se hace hincapié en el objetivo de la política social?**

   ▪ La Declaración de los Derechos Humanos.
   ▪ La apuesta por la redistribución de las riquezas más justa.

   Con la política social se pretende mediar en asuntos relacionados con vivienda, asistencia médica, servicios sociales, educación, etc., de modo que se garanticen y se incremente el bienestar social, máxime cuando hay mayor riesgo de exclusión social, como en el caso de las personas con discapacidad.

10. **¿En qué consiste la intervención centrada en la persona? ¿Cuál es la diferencia más importante en cuanto a la intervención socioeducativa y comunitaria?**

   En la intervención centrada en la persona es la propia persona con discapacidad el centro de la intervención y deja de ser tenida en cuenta como agente pasivo, pues actúa de forma determinante en su futuro y en su inclusión dentro del ámbito de la comunidad en la que se integre. Una de las estrategias señaladas desde este enfoque es la creación de una red de apoyo en la que la persona es el centro del proceso.

En este caso, se entiende que la toma de decisiones parte de la propia persona sujeto de intervención en la que se implican de manera directa familiares, amigos, profesionales y la comunidad en general. Esta es la mayor diferencia con el modelo de intervención socioeducativo y comunitario, pues la intervención centrada en la persona con discapacidad la sitúa en el centro del proceso, delegando a un segundo plano los recursos.

11. **Señale el papel que tendría cada una de las personas que se detallan a continuación en el enfoque de intervención centrado en la persona.**

    a. Familia: **grupo de apoyo, papel colaborativo.**
    b. Amigos: **grupo de apoyo, papel colaborativo.**
    c. Profesionales y especialistas: **grupo de apoyo, papel colaborativo.**
    d. Persona con discapacidad: **centro de todo el proceso, que dependerá de la misma de su comprensión y del aprendizaje derivado de ella, de sus puntos fuertes y de sus capacidades y habilidades.**

12. **¿Qué efecto positivo inmediato tiene la intervención centrada en la persona con discapacidad para ella misma, para su familia y para los especialistas y profesionales que participan?**

    Algunos de los efectos señalados en la persona con discapacidad son el aumento de la autoestima, gracias al apoyo que recibe, y el sentimiento de pertenencia a una red social de compañerismo y colaboración. Por su parte, las familias y los cuidadores se sienten escuchados, su opinión es valiosa. Se sienten en un clima de igualdad y respeto mutuo. En cuanto a los profesionales, aprenden de las personas con discapacidad y se de sus familias.

13. **¿Cuáles son los nuevos aportes del modelo de intervención centrado en la persona respecto al modelo de intervención socioeducativa y comunitaria?**

    - El interés estriba en las capacidades, los sueños y deseos de la persona con discapacidad.
    - El proceso es controlado por la persona y por quienes ella ha elegido.
    - Se configura un grupo de apoyo con las personas que ha elegido la persona con discapacidad y los profesionales.
    - Se potencia la vida en comunidad, creando lazos de trabajo cooperativo.

14. **Una cada uno de los conceptos y términos que se enumeran a continuación con el enfoque o los enfoques a los que corresponda en cuanto a la intervención planteada por cada uno de ellos:**

     a. Intervención socioeducativa y comunitaria.
     b. Intervención centrada en la persona.

     a. Solidaridad.
     a. Eliminación de la exclusión social.
     a. Inclusión social
     b. Planificación individual.
     b. Coordinación comunidad.
     b. Fortalecimiento de los roles sociales.
     a. b. Compensación de desigualdades.

15. **¿Qué planes de intervención conoce que se centren en la persona?; ¿con qué recurso es útil complementar los planes de intervención centrados en la persona?**

     ▪ Planes de futuro personal o Planes alternativos para el futuro con esperanza (PATH).
     ▪ Planes a corto y medio plazo o La planificación del futuro personal.
     ▪ Planes de acción y Planes de estilo de vida esencial.

En los tres casos, los planes pueden complementarse por medio de mapas, herramienta que facilita la recogida de información. Ejemplo de mapas son: mapa biográfico, mapa de lugares que la persona con discapacidad frecuenta, mapa de relaciones, mapa de preferencias, mapa de esperanzas y sueños, y mapas de salud, rutinas, decisiones y comunicación.

Solucionario Capítulo 3

1. **De las siguientes afirmaciones, diga cuál es verdadera o falsa.**

   a. Los servicios sociales y comunitarios del entorno cercano llevan a cabo un reconocimiento de la situación para delimitar qué recursos son necesarios, cuáles están disponibles y en qué medida y periodo de tiempo van a ser aconsejables.

   ☑ **Verdadero**
   ☐ Falso

   b. El origen de los recursos sociales y comunitarios, y en relación la fuente, puede verse relacionado con el organismo o la empresa que lo presta. De tal modo, se distinguen únicamente los prestados por organismos públicos y los ofrecidos por empresas privadas.

   ☐ Verdadero
   ☑ **Falso**

   c. Los recursos sociales y comunitarios dependen de la zona geográfica de la persona (en muchos casos dependen de ayuntamientos y comunidades autónomas) y no todos son gratuitos.

   ☑ **Verdadero**
   ☐ Falso

2. **¿Qué necesidades de recursos sociales y comunitarios pueden presentar las personas con discapacidad?**

   Necesidades relacionadas con: educación, salud, sanidad, vivienda, servicios sociales y disposición de recursos.

3. **¿Qué es la atención o intervención temprana?; ¿hacia quién o quiénes va dirigida?**

La intervención temprana es el conjunto de medidas e intervenciones destinadas al niño y a su familia para satisfacer las necesidades especiales de niños que muestran algún grado de retraso en el desarrollo o niños que corren el riesgo de llegar a esa situación. Se realiza sobre el niño, la familia y la comunidad informando, detectando, diagnosticando, tratando, orientando y apoyando a la familia.

4. **El proceso que se orienta a que la persona recupere o adiestre una función o habilidad perdida, ya sea a nivel congénito o adquirido, por medio de prestaciones de servicios y ayudas técnicas, que pueden ser continuadas o permanentes, hace referencia a recursos sociales y comunitarios de...**

    a. ... educación.
    b. ... rehabilitación médico-funcional.
    c. ... prevención.
    d. ... vivienda.

5. **Relacione cada tipo de centro para la atención especializada y la función que corresponda.**

    a. Centros de valoración y orientación/centros base de atención al minusválido.
    b. Centros residenciales: residencias de gravemente afectados.
    c. Centros residenciales: residencias para psicodeficientes.
    d. Centros residenciales: centros de adultos.
    e. Centros residenciales: viviendas tuteladas.

    b. Residencia para personas mayores de 16 años que presenten retraso mental severo, profundo o con plurideficiencias o personas con discapacidad física o parálisis cerebral.
    a. Obtención de la calificación de minusvalía que reconoce el derecho a las prestaciones y servicios que la persona puede requerir para cubrir sus necesidades.
    d. Centros para personas con discapacidad mental o física adultas con dificultad para la integración social y familiar normalizada.
    c. Residencias para personas con discapacidad y trastornos graves de conducta.
    e. Viviendas destinadas a personas con discapacidad con cierto grado de autonomía.

6. **¿Cómo se denomina a las Organizaciones No Gubernamentales y Organizaciones No Lucrativas que prestan recursos sociales y comunitarios?; ¿qué las caracteriza?**

Son las entidades del tercer sector y se caracterizan por: estar organizadas formalmente; ser privadas; no tener ánimo de lucro; poseer autocontrol institucional de sus propias actividades; su participación es voluntaria.

7. **Relacione las diferentes modalidades de recursos sociales y comunitarios que se presentan con el objetivo que las caracterice.**

   a. Recursos son los Grupos de Ayuda Mutua (GAM).
   b. Grupos psicoeducativos.
   c. Grupos de resocialización.
   d. Intervenciones psicoterapéuticas.
   e. Campañas de sensibilización e información comunitaria.

   b. Promueven la sensibilización social y la implicación activa de la ciudadanía.
   a. Ofrecen un intercambio de estrategias de actuación por parte de los cuidadores en relación a problemas cotidianos, apoyo emocional, o actividades de recreo.
   d. Ofrecen formación, información o entrenamiento por parte de profesionales y expertos en materias de cuidado.
   c. El orientador asesora en habilidades sociales, emocionales y estrategias de actuación.
   e. Para el aprendizaje de estrategias cognitivas y conductuales que adapten a las personas con discapacidad y sus familiares a la nueva realidad de vida.

8. **¿Qué herramientas para favorecer la información sobre recursos y su difusión a personas con discapacidad y sus familias aparecen en el capítulo?; ¿por qué pueden ser útiles?**

Internet: es útil por ser la mayor red de información globalizada; blogs o espacios públicos: supone un claro acceso a la información al tiempo que la familia y la persona con discapacidad participan en su construcción; redes de comunicación: facilitan el intercambio de información entre los diferentes interesados y ofrecen a la familia una red social de apoyo y asesoramiento.

9. **Relacione cada uno de los recursos de empleo que se citan a continuación con las características que ofrecen.**

    a. Empleo protegido:
    b. Ayudas económicas al contratar personas con discapacidad:
    c. Contratos para la formación de personas con discapacidad:
    d. Contratos de trabajo en prácticas para personas con discapacidad:
    e. Reserva de puestos en las ofertas de empleo público para personas con discapacidad:
    f. Ayudas y subvenciones:

    f. Inversión en proyectos generadores de empleo, para el mantenimiento de empleo y para la inversión en activos fijos.

    e. Cupo no inferior a 5 % de vacantes para personas con discapacidad igual o superior al 33 % hasta que se alcance el 2 % en los efectivos totales de la administración del Estado.

    a. A través de centros especiales de empleo (empresas mercantiles) tienen un 70-75 % de la plantilla con discapacidad recibiendo subvención del estado por tal cuestión.

    b. Prestaciones que de acuerdo a requisitos de la empresa y la persona con discapacidad a contratar propicien los incentivos que las empresas reciben por contrato y la bonificación de cuotas empresariales a la Seguridad Social durante el contrato.

    d. Contratos para personas con discapacidad de grado igual o superior al 33 %, con título profesional habilitante, cuando no hayan transcurrido más de seis años desde concluir los estudios.

    c. Recurso dirigido a la contratación de personas con discapacidad cuando la persona no posea titulación necesaria para un contrato de prácticas

10. **De las siguientes afirmaciones, diga cuál es verdadera o falsa.**

    a. Las prestaciones de derechos individuales son recursos compensatorios relacionados con el subsidio de garantía de ingresos mínimos o ayudas económicas complementarias, entre otras.

        ☑ **Verdadero**
        ☐ Falso

b. Las prestaciones graciables o subvenciones individuales son un recurso destinado a personas con discapacidad para rehabilitación, asistencia a centros e instituciones, de promoción e integración laboral, complementarias o de movilidad y comunicación.

    ☑ **Verdadero**
    ☐ Falso

c. Prestaciones económicas de habilitación profesional están destinadas a entidades sin ánimo de lucro y públicas que presten servicios para personas con discapacidad que no estén concertados por la administración, tales como programas de atención temprana, de recuperación médico-funcional o de eliminación de barreras arquitectónicas.

    ☐ Verdadero
    ☑ **Falso**

d. El salario social es un recurso que compensa desigualdades sociales y que conlleva participar en programas integrales que favorezcan la incorporación e inserción social de colectivos en riesgo de exclusión social, en matera de salud, educación, formación, vivienda y empleo.

    ☑ **Verdadero**
    ☐ Falso

e. Recursos como la pensión de invalidez, por hijo a cargo, prestación de asistencia farmacéutica y sanitaria para personas discapacitadas son medidas de protección económica de las personas con discapacidad generadas por el sistema de la Seguridad Social en su vertiente contributiva.

    ☐ Verdadero
    ☑ **Falso**

f. Las pensiones de incapacidad, las de clases pasivas, las prestaciones recuperadoras y las prestaciones familiares por hijo a cargo son recursos de protección económica de las personas con discapacidad generados por el sistema de la Seguridad Social en su vertiente no contributiva.

    ☐ Verdadero
    ☑ **Falso**

11. ¿Conoce algún recurso de ocio y tiempo libre para personas con movilidad reducida destinado a la accesibilidad de playas? Explique en qué consiste.

Un recurso de ocio y tiempo libre para personas con movilidad reducida que diversas comunidades autónomas ponen a disposición gracias a la colaboración de ayuntamientos y otras colaboraciones es la silla de baño Anfibuggy, apoyo técnico que, junto a la prestación de apoyos humanos, posibilita que puedan disfrutar del baño y de paseos de la manera más normalizada posible.

12. Indique qué funciones de las que el voluntariado puede desarrollar en el ámbito de la discapacidad (de animación, asistencial o de acompañamiento) corresponden con las siguientes actuaciones.

    a. Acompañamiento en situaciones de la vida diaria en las que la persona con discapacidad requiere de otra persona para su realización y suele llevarse a cabo con la ayuda de un cuidador o un familiar. Suelen ser actividades de aseo o de descanso. **Función asistencial.**
    b. Se trata de grupos de apoyo al ocio y tiempo libre con formación para tales fines. **Función de animación.**
    c. Acompañamiento a personas que por sí mismas no pueden desplazarse por limitaciones visuales, funcionales, auditivas y que requieren ayudas técnicas como sillas de ruedas, muletas o prótesis. Mediante el diálogo fluido la seguridad percibida por la persona con discapacidad aumenta. **Función de desplazamiento.**

13. Enlace los recursos referentes a la salud mental que se apuntan a continuación con su caracterización.
    Recursos: unidades residenciales, hospitales de día, comunidad terapéutica, programas de atención infantil y juvenil.

    a. Recurso asistencial para personas con trastornos mentales severos destinado a su reinserción social y familiar por medio de programas rehabilitadores a nivel funcional y de intervención dirigida a la persona, a su familia y a su entorno. **Comunidad terapéutica.**
    b. Recurso para atender a personas que requieren una intervención alta pero evitando la hospitalización o facilitado la reinserción tras una hospitalización. **Hospitales de día.**

   c. Recurso destinado a atender y hospitalizar a niños y adolescentes que presenten problemas de salud mental. **Programas de atención infantil y juvenil.**

   d. Recurso destinado a prestar morada a personas adultas afectadas por enfermedades mentales crónicas. **Unidades residenciales.**

14. **La convocatoria de concesiones de ayudas económicas es un recurso usado a nivel estatal y autonómico y se destinan a la rehabilitación de edificios y viviendas...**

   a. ... para obras de remodelación de edificios, adecuaciones estructurales y la supresión de barreras arquitectónicas, sistemas de ahorro energético, ornato y salubridad.

   b. ... para obras de rehabilitación de viviendas.

   c. La opción a es correcta, aunque las ayudas económicas nunca incluyen la supresión de barreras arquitectónicas.

   d. **Las opciones a y b son correctas.**

15. **Existen diversos sistemas para la clasificación y actualización de la información de acuerdo a la organización y gestión de recursos sociales y comunitarios. Complete la siguiente tabla con los siguientes recursos.**

CLASIFICACIÓN DE RECURSOS	TIPOS
Según el grupo al que atiendan	- **Recursos de atención individual-familiar.** - **Recursos de atención colectiva.**
Según su procedencia	- **No institucionalizados.** - **Recursos institucionales.**
Según su naturaleza	- **Material.** - **Técnica.** - **Financiera.** - **Humana.**
Según las necesidades para las que estén planteados	- **Necesidades de subsistencia.** - **Necesidad de información.** - **Necesidad de accesibilidad.** - **Necesidad de convivencia personal.** - **Necesidad de cooperación y solidaridad.** - **Necesidad de participación social.**

Solucionario Capítulo 4

1. **De las siguientes afirmaciones, diga cuál es verdadera o falsa, y, en el segundo caso, indique por qué.**

   a. Los equipos multidisciplinares están compuestos por diferentes profesionales que comparten un objetivo común.

      ☑ **Verdadero**
      ☐ Falso

   b. La formación de los profesionales de un equipo es similar, referida a una única faceta de la persona en las que sea necesario incidir.

      ☐ Verdadero
      ☑ **Falso**

   c. En los equipos multidisciplinares no hay un coordinador, ya que el papel de cada uno de los componentes está delimitado por su formación y experiencia profesional.

      ☐ Verdadero
      ☑ **Falso**

   d. La labor de un equipo interprofesional es pormenorizada y consensuada y no depende de la suma de los trabajos individuales sino de la labor coordinada de todos sus componentes al unísono.

      ☑ **Verdadero**
      ☐ Falso

2. **¿Por qué es aconsejable que un equipo interdisciplinar adopte un modelo explicativo no deficitario? ¿En qué cosiste este modelo?**

   Actualmente, se aplica el modelo no deficitario como normalización base en la persona orientando la intervención socioeducativa, ya que se detienen en la evaluación de necesidades y la implementación de los recursos correspondientes en cada caso, centrándose en lo que los individuos pueden conseguir, no en lo que no puedan hacer ni en su déficit como un problema para la persona con discapacidad.

3. Complete el siguiente texto.

Los profesionales que componen los equipos interdisciplinares tienen como función principal dar respuesta a las **necesidades** que presentan las **personas con discapacidad.** La función y rol que deba llevar a cabo cada profesional y el conjunto dependerá de las necesidades presentes **en cada momento** y **en cada persona,** en función de los niveles de intervención **(prevención primaria, secundaria y terciaria)** y los niveles de integración **(familiar, educativa, laboral** y **social).**

4. Para conocer el desarrollo de actitudes desde una perspectiva multidimensional y aprendida deben señalarse tres componentes básicos en la actitud. Relacione cada componente con los aspectos que conlleva.

> a. Componente cognitivo.
> b. Componente afectivo.
> c. Componente comportamental.

> **c.** Tendencia a reaccionar ante el objeto de un modo determinado.
> **a.** Percepciones que la persona posee del objeto y de los criterios que tiene de sí mismo.
> **b.** Sentimientos que la persona presenta en relación al objeto de la actitud.

5. ¿Qué limitaciones y dificultades pueden encontrarse en la puesta en marcha de estrategias para la colaboración con otros agentes de interés?

Por una parte, las actividades administrativas cerradas y limitadas a espacios y tiempos informales e inadecuados genera un sentimiento de falta de implicación con relación a la persona con discapacidad que queda en muchos casos en manos de otros profesionales con los que no hay cabida para interactuar e intercambiar opiniones. Otra dificultad es la frecuente insatisfacción de los distintos profesionales implicados en el proceso sobre la desconexión y la situación de aislamiento con que cada uno debe abordar las distintas fases del proceso de intervención social, comunitaria y educativa, asesoramiento y apoyo a personas con discapacidad.

6. Indique las opciones correctas. Algunas de las ideas que supone el apoyo colabora-
tivo y la creación de espacios de ayuda mutua como estrategia de colaboración son:

   a. El reconocimiento de la capacidad de otros agentes para afrontar muchos
   de los problemas experimentados al afrontar la intervención, asumiendo
   la responsabilidad y el control sobre los mismos.
   b. La asunción de que todos los agentes implicados comparten un mismo
   objetivo y que pueden establecer lazos colaborativos y de ayuda mutua
   compartiendo información, análisis y experiencias.
   c. El presupuesto de que la respuesta a la diversidad y a la igualdad de oportunidades efectiva no exige nuevos modelos de pensamiento y actuación.
   d. Todas las respuestas anteriores son incorrectas.

7. ¿Con qué finalidad se creó la Plataforma del tercer sector de acción social?; ¿con
qué otras formas de atender las necesidades sociales se complementa el tercer
sector, originando un nuevo modelo de intervención social?

Se creó con la finalidad de reestructurar el tercer sector en el ámbito social, dotándolo
de fuerza y estructura, corresponsabilizado en la resolución de los problemas colectivos,
diverso y plural y con capacidades para prestar servicios y por ende recursos sociales.

Se complementa con: el sistema informal, el sistema de voluntariado organizado, el
sistema empresarial no lucrativo, el sistema empresarial lucrativo y el sistema público.

8. ¿Qué dos agentes de interés hay que atender en las estrategias para la colaboración
desde la cooperación y la coordinación interdisciplinar?

Los organismos y entidades proveedoras de recursos, ya sean públicos, del tercer sector
no lucrativo o privados.

Los familiares de las personas con discapacidad, como medio natural de la misma.

9. **Indique las opciones correctas. Algunas claves de trabajo útiles para la intervención de otros agentes en las actuaciones que pueden originarse en una comunidad participativa son:**

    a. **La igualdad de los participantes en el proceso de apoyo e intervención para compartir, analizar y sintonizar con otros profesionales.**

    b. El desarrollo de una intervención tradicional basada en el déficit de la persona con discapacidad.

    c. **Consideración de cada profesional como una fuente de información y conocimiento útil y aconsejable.**

    d. Todas las opciones son correctas.

10. **Con el objetivo de ayudar a las familias, hay que conocer y valorar sus necesidades, comprendiendo la relación que se establece entre las mismas y los profesionales para poder diseñar programas e intervenciones adecuadas. Las necesidades pueden englobarse en...**

    a. **... prácticas, psicológicas y de soporte.**

    b. ... prácticas, psicológicas y emocionales.

    c. ... teóricas, prácticas y psicológicas.

    d. Todas las opciones son incorrectas.

11. **¿Por qué es necesario el desarrollo de intervenciones dirigidas a la familia?; ¿puede poner algún ejemplo?**

Es necesario para la familia porque contribuye a moderar los efectos del estrés y ayuda a hacer posible su deseo de mantener a sus hijos en el hogar familiar. FEAPS ha trabajado en este sentido promoviendo los modelos de intervención centrados en la persona que reducen el estrés de todos los miembros de la familia, fortalecen las relaciones, facilitan el descanso, posibilitan la disposición de tiempo por parte de todos los miembros para sí mismos, evita la institucionalización de la persona con discapacidad, cubre situaciones de emergencia y potencia, sobre todo, las relaciones sociales.

12. En la intervención socio-educativa y comunitaria se ha pasado por diferentes modelos, algunos de ellos destinados a contextos y situaciones concretas. Relacione en cada caso a qué modelo corresponde.

    a. Modelos:
    b. Modelo clínico.
    c. Modelo orientador.
    d. Modelo educacional.
    e. Modelo ecológico.
    f. Modelo de trasplante.
    g. Modelo de usuario.

    c. Implica a la familia en el rol que puede desempeñar en la escuela y en la educación.
    b. El rol del profesional es de guía y se basa en el aporte de información, entrenamiento a la familia, coordinación y consejo.
    a. El experto es el médico o el profesional que diagnostica y da soluciones unilateralmente.
    d. Implica estrategias en todo el sistema social para la inclusión de la persona con discapacidad.
    f. Los padres como usuarios seleccionan los recursos y la intervención que consideran más oportuna.
    e. Los profesionales van cediendo poco a poco el control a la familia, reconociendo la ventaja de recurrir a la misma.

13. Indique la respuesta incorrecta. En la actualidad, las diferentes organizaciones de personas con discapacidad y dirigidas a las mismas y a las familias, ya sean de carácter público o privado, están dando importancia a la imagen y el marketing porque...

    a. ... la imagen y la gestión de la misma son un instrumento importante para la sensibilización social sobre las necesidades y barreras que están impidiendo la consecución de una igualdad de oportunidades efectiva.
    b. **... son organizaciones productoras de servicios sociales especializados que no deben competir en el mercado ni necesitan estrategias de marketing.**
    c. ... supone el mejor medio de divulgación de servicios y, por tanto, la mejor manera de establecer la colaboración con otros agentes.
    d. Todas las opciones son incorrectas.

14. **¿En qué consisten los procesos para la gestión de las organizaciones de personas con discapacidad como aplicación práctica de las estrategias de colaboración con otros agentes en la intervención socioeducativa y comunitaria y la gestión de recursos?**

Este proceso supone un conjunto de fases sucesivas e integradas que conducen al resultado esperado: mejorar la calidad de vida y la salud de la persona con discapacidad en cualquier ámbito propuesto, como producto previamente establecido. Cada fase incluye actividades que añaden valor al resultado final y pueden llevarse a cabo de manera separada y sucesiva o simultánea.

15. **Complete el siguiente enunciado.**

Para que la estrategia de colaboración con otros agentes en la intervención socioeducativa y comunitaria sea adecuada, el **capital humano** es el activo más potente de actuación. Incorporar **profesionales** en un **proyecto compartido** a través de un sistema de comunicación transparente es relevante para el **sentido de pertenencia** de los mismos y la **generación de recursos** desde dentro hacia fuera, hacia la comunidad, como propuesta ética de toda intervención.

Acompañamiento de personas con discapacidad en actividades programadas

 Solucionario Capítulo 1

1. **¿Qué establece el término "discapacidad" descrito por la Organización Mundial de la Salud (OMS)?**

    a. La discapacidad según la OMS alberga un conjunto de limitaciones y restricciones de la persona humana, impidiendo con ello su desarrollo en la sociedad de forma sencilla y natural.

    b. **La discapacidad según la OMS alberga un conjunto de limitaciones, restricciones y deficiencias de la persona humana, impidiendo con ello su desarrollo en la sociedad de forma sencilla y natural.**

    c. La discapacidad según la OMS alberga un conjunto de deficiencias y problemáticas de la persona humana provocadas por factores contextuales e impidiendo con ello su desarrollo en la sociedad de forma sencilla y natural.

    d. La OMS no da una definición de discapacidad.

2. **Relacione las siguientes definiciones con el término que le corresponda.**

    a. La "Clasificación Internacional del Funcionamiento, la Discapacidad y la Salud" (CIF) consta de dos partes principales.

    b. Es necesaria para establecer el grado de discapacidad que presenta una persona.

    c. Es el espacio que se visualiza con los ojos fijos en un punto determinado.

    d. Es la cantidad y calidad de visión que una persona puede percibir.

    b. Escala genérica de gravedad en cinco niveles.

    c. Campo visual.

    a. Funcionamiento-discapacidad y factores contextuales.

    d. Grado de visión.

3. Ordene en primer lugar los principales niveles de discapacidad intelectual y posteriormente únalos con sus respectivos Coeficientes Intelectuales (CI).

Retraso mental ligero	CI entre 50 y 69
Retraso mental moderado	CI entre 35 y 49
Retraso mental grave	CI entre 20 y 34
Retraso mental profundo	CI < de 20

4. Complete los espacios libres de las siguientes oraciones.

a. El **decibelio** es la medida que se utiliza para evaluar la percepción de una persona ante los sonidos.

b. La **lengua de signos** es un lenguaje natural basado en la expresión gesto espacial y **percepción visual**, mediante el cual las personas sordas pueden comunicarse con su entorno.

c. Las personas con **sordera** son aquellas que presentan un grado muy elevado de pérdida auditiva, provocando que sus **restos auditivos** no funcionen correctamente, e impidiendo con ello su capacidad para adquirir la lengua oral a través de su vía auditiva.

d. Las personas con **hipoacusia** son todas aquellas personas para quienes el sentido auditivo es funcional, aunque deficitario en muchos aspectos. Posibilita el aprendizaje del lenguaje oral por vía auditiva y la utilización de este en su **proceso comunicativo**, aunque con muchas limitaciones.

5. De las siguientes frases, indique cuál es verdadera o falsa.

a. Son dos las principales causas de la aparición de deficiencias auditivas o hipoacusia en las personas, las cuales pueden ser estudiadas cronológicamente: prenatales y neonatales.

☐ Verdadero
☑ **Falso**

b. La discapacidad auditiva leve en las personas se caracteriza porque estas
personas realizan pequeñas alteraciones fonéticas, no escuchan completa-
mente cuando una persona habla con voz muy baja, presentan limitaciones
para identificar sonidos muy lejanos, etc. Pueden ser pasajeras.

☑ **Verdadero**
☐ Falso

c. Las necesidades que presentan las personas con discapacidad auditiva van
a depender del momento de aparición de dicha discapacidad, destacando:
necesidades individuales, familiares y contextuales.

☐ Verdadero
☑ **Falso**

d. La discapacidad física es concebida como la deficiencia motórica presente
en el ser humano, limitando o impidiendo su desarrollo normal.

☑ **Verdadero**
☐ Falso

6. **¿Qué características presenta la discapacidad física según su momento de aparición? Explíquelas.**

Según su origen de aparición se ha de señalar que la discapacidad física se caracteriza
por la insuficiencia en el comportamiento y desarrollo de una actividad ordinaria, ya
sea de forma temporal o permanente, reversible o irreversible y progresiva o regresiva,
provocando multitud de alteraciones en la persona. Entre ellas se pueden destacar:

I Discapacidad en la conducta: las personas que presentan dichas deficiencias poseen limitaciones a la hora de relacionarse con los demás, ya sea
por su estado motriz o por sus dificultades lingüísticas.
I Discapacidades de cuidado personal: los sujetos con discapacidad física
presentan normalmente deficiencias en la capacidad individual de llevar
a cabo sus propias actividades fisiológicas, tales como higiene personal,
vestirse, alimentarse, etc.
I Discapacidad locomotora: es la limitación o incapacidad de los sujetos de
practicar actividades con movimiento, imposibilitando su desplazamiento
así como las tareas de recogida y manipulación de objetos.

I Discapacidad de destrezas: los seres humanos con dicha discapacidad ven mermadas sus expectativas en el desarrollo de destrezas y capacidades motoras debido a sus numerosas limitaciones en el movimiento, desplazamiento y manipulación de objetos.

I Discapacidades de la situación: estas discapacidades están muy relacionadas a la dependencia de ciertas personas (familiares o profesionales) para el desarrollo y conservación de su vida, ya que suponen la presencia de numerosas dificultades como el estar de pie, sentado, de una determinada postura, etc.

7. Indique si las discapacidades físicas que se enumeran presentan daño cerebral o no.

Parálisis	**Con daño cerebral**
Miopatías	**Sin daño cerebral**
Malformaciones	**Sin daño cerebral**
Accidente cerebro-vascular	**Con daño cerebral**
Espina bífida	**Sin daño cerebral**
Poliomielitis	**Sin daño cerebral**
Lesión medular	**Sin daño cerebral**

8. ¿Qué es la discapacidad intelectual y cuáles son los principales factores causantes de ella?

La discapacidad intelectual puede definirse como la discapacidad caracterizada por limitaciones significativas en el funcionamiento intelectual y en la conducta adaptativa que se manifiesta en habilidades adaptativas conceptuales, sociales, y prácticas.

Entre los principales factores causantes de dicha discapacidad se pueden destacar los siguientes:

I Factores biomédicos: se caracterizan porque la discapacidad intelectual puede estar provocada por anomalías genéticas, enfermedades infecciosas, alteraciones metabólicas y/o cromosómicas, etc.

I Factores sociales: tales como la malnutrición materna, violencia, déficit de estimulación, pobreza, etc.

▌ Factores conductuales: propios de la inmadurez paternal, maltrato al hijo e incluso abandono, violencia doméstica, consumo de drogas, etc.

▌ Factores educativos: falta de preparación para la paternidad, limitaciones cognitivas por parte de los padres, deficiencias parentales, inapropiados servicios educativos, etc.

9. **Busque y señale en la sopa de letras los principales tipos de discapacidad: visual, auditiva, física, intelectual, mental y cerebral.**

S	V	I	S	U	A	L	V	O	S	R	T	Y	U	K	L
V	N	G	R	T	Y	U	M	V	R	V	K	L	R	H	Ñ
Q	A	S	X	Z	V	B	R	Y	E	U	I	O	P	Ñ	M
F	V	B	H	J	Y	U	T	E	S	T	A	S	W	E	F
I	X	S	C	A	U	D	I	T	I	V	A	O	S	C	A
S	N	F	V	B	G	H	J	L	N	M	M	T	Y	I	O
I	B	T	H	T	E	E	E	T	C	R	E	G	J	T	L
C	E	C	E	G	R	M	F	T	I	T	N	M	B	G	A
A	X	V	B	L	A	R	Y	R	A	S	T	H	R	Y	R
C	S	D	F	T	E	R	R	E	L	H	A	R	Y	R	B
I	X	S	I	S	F	C	G	J	T	R	L	Y	T	U	E
O	S	C	F	G	H	J	T	J	K	L	A	I	Y	T	R
N	A	E	H	H	K	B	X	U	R	G	L	H	Y	Y	E
P	X	C	V	B	N	M	Ñ	K	A	H	E	F	D	S	C
Q	W	E	E	R	T	Y	U	H	J	L	S	I	O	L	O
C	O	R	R	E	S	P	O	N	D	E	O	C	I	A	Ñ

10. Defina los siguientes términos y explique qué características los relacionan:

a. Discapacidad auditiva: es el trastorno sensorial basado en la pérdida de percepción de las formas acústicas provocado por una alteración o anomalía en el órgano auditivo (oído) o en la vía auditiva.

b. Discapacidad visual: es la discapacidad que aparece debida a una pérdida o disminución parcial o total de la vista.

c. Discapacidad física: es concebida como la deficiencia motórica presente en el ser humano, limitando o impidiendo su desarrollo normal.

d. Discapacidad intelectual: es una discapacidad caracterizada por limitaciones significativas en el funcionamiento intelectual y en la conducta adaptativa que se manifiesta en habilidades adaptativas conceptuales, sociales, y prácticas.

e. Trastornos generalizados del desarrollo: son los trastornos y síndromes con perturbaciones graves tanto en habilidades de interacción social como comunicativas, o por el desarrollo de comportamientos, actividades e intereses estereotipados.

f. Enfermedad mental: alteración de tipo emocional, cognitivo y/o del comportamiento en que quedan afectados procesos psicológicos básicos como la emoción, la motivación, la cognición, la conciencia, la conducta, la percepción, el lenguaje, etc. y que dificulta a la persona en su adaptación en el entorno social y cultural.

g. Daño cerebral adquirido: se define como una herida adquirida en el cerebro causada por una fuerza física externa que resulta en una discapacidad funcional total o parcial o un impedimento psicosocial, o ambos, y que afecta adversamente el rendimiento de la persona.

Con respecto a las principales características que relacionan todas y cada una de estas discapacidades se pueden destacar:

I Todas presentan un conjunto de deficiencias en la persona.

I Pueden desarrollarse en diferentes niveles, danto lugar a secuelas más graves, o por el contrario leves.

I Tienen un origen o momento de aparición, ya sea prenatal, neonatal o postnatal.

I Requieren de ayudas tanto personales como técnicas.

I Presentan necesidades en los ámbitos educativos, cognitivos, sociales y profesionales.

11. De los siguientes, indique los trastornos que no pertenecen a enfermedades
mentales.

▌ Autismo.
▌ Anorexia.
▌ **Lupus.**
▌ Alzheimer.
▌ **Enfermedad de Crohn.**
▌ **Ansiedad.**
▌ **Leucoplasia.**
▌ **Tialismo.**
▌ Discapacidad intelectual
▌ **Osteoporosis.**

12. Las principales causas del daño cerebral son:

a. Tumores cerebrales, accidentes cerebrovasculares, hipoxias y trastornos
neuroanatómicos y químicos.
b. **Accidentes cerebrovasculares, hipoxias, tumores cerebrales y traumatismo craneoencefálico.**
c. Traumatismo craneoencefálico, accidentes cerebrovasculares, hipoxias e
intoxicaciones.
d. Traumatismo craneoencefálico, accidentes cerebrovasculares, hipoxias y
malformaciones.

13. Relacione cada uno de los factores causantes de la discapacidad intelectual con
sus respectivos trastornos o problemáticas.

a. Factores sociales.
b. Factores biomédicos.
c. Factores conductuales.
d. Factores educativos.

c. Inmadurez paternal, consumo de drogas.
a. Déficit de estimulación, violencia.
b. Enfermedades infecciosas, cromosómicas.
d. Deficiencias parentales, falta de preparación para la paternidad.

14. **¿Cómo se denomina el conjunto de trastornos y síndromes que presentan perturbaciones graves tanto en habilidades de interacción social como comunicativas? Explíquelo y señale los principales trastornos.**

Al conjunto de trastornos y síndromes que presentan perturbaciones graves tanto en habilidades de interacción social como comunicativas, o incluso por el desarrollo de comportamientos, actividades e intereses estereotipados se le denomina Trastorno Generalizado del Desarrollo (TGD).

Las alteraciones que presentan las personas con TGD suelen aparecer en los primeros años de vida, caracterizadas por conductas inapropiadas según su edad y desarrollo mental.

Entre los principales tipos de trastornos generalizados del desarrollo se pueden destacar:

- Autismo (infantil y atípico).
- Síndrome de Asperger.
- Síndrome de Rett.
- Trastorno desintegrativo de la infancia.
- Trastorno generalizado no específico.

15. **Marque en negrita los errores de las siguientes definiciones.**

a. Trastornos psicóticos: estados en los que el paciente **no** pierde toda la noción y contacto con la realidad.

b. Trastorno neurótico: estado de **bienestar,** agobio y **tranquilidad** de la persona, **llegando** a perder la noción de la realidad. Es menos grave, pero más común entre los seres humanos.

Solucionario Capítulo 2

1. **Para poder determinar el grado de discapacidad o minusvalía que presenta una persona, así como para poder beneficiarse y obtener las ayudas y prestaciones necesarias para su vida diaria, ¿qué Real Decreto establece y determina dicho grado de discapacidad?**

   a. **El Real Decreto 888/2022, de 18 de octubre, por el que se establece el procedimiento para el reconocimiento, declaración y calificación del grado de discapacidad.**
   b. El Real Decreto 1/2013, de 11 de enero, de 18 de mayo de 2013 por el que se modifica el Estatuto del Real Patronato sobre Discapacidad aprobado por Real Decreto 946/2001, de 3 de agosto.
   c. El Real Decreto 1/2013, de 23 de diciembre, del 26 de enero de 2000, el cual regula los procedimientos para el reconocimiento, declaración y calificación del grado de discapacidad.
   d. El Real Decreto 1/2013, de 23 de junio, el cual regula los procedimientos para el reconocimiento, declaración y calificación del grado de discapacidad.

2. **Relacione las siguientes definiciones con el término que le corresponda.**

   a. Ayudas y prestaciones proporcionadas por el Estado, ya sean desarrolladas a nivel privado o en centros públicos, necesarias para garantizar el desarrollo de la persona en todos sus niveles.
   b. Conformados por un médico, trabajador social y psicólogo.
   c. Estudio tanto de la persona con discapacidad como del entorno social y familiar que le rodea para determinar su grado de discapacidad.
   d. Personas que presentan un grado de discapacidad igual superior al 33 %.

   d. Persona con discapacidad.
   a. Modelos de apoyos.
   b. Equipos de Valoración y Orientación (EVO).
   c. Certificado de discapacidad.

3. **¿Qué modelos de apoyo dirigidos a las personas con discapacidad existen? Explíquelos y señale sus características.**

Son dos los principales modelos de apoyo dirigidos a las personas con discapacidad:

I Modelos de apoyo individualizado.
I Modelos de servicio de apoyo dirigidos a las familias.

Las principales características de los modelos de apoyo dirigidos a las personas con discapacidad son:

I *Modelos de apoyo individualizado:* este modelo se caracteriza por la metodología y herramientas de trabajo utilizadas con las personas con discapacidad a nivel individual, favoreciendo el desarrollo de Planes de Apoyo Individuales (PAI).
Fundamentalmente, este tipo de modelo va dirigido a personas que presentan discapacidad intelectual, trastorno mental o incluso traumatismo craneoencefálico, teniendo como objetivo prioritario la mejora de atención de dichas personas, que dichos individuos respondan a sus expectativas personales, así como el aumento de calidad de vida y satisfacción a nivel personal favoreciendo su autoestima.
I *Modelos de servicios de apoyo dirigidos a las familias:* este modelo va dirigido a proporcionar y mejorar los servicios de orientación y atención familiar de las personas que presentan discapacidad.
El objetivo de este programa se basa en el acompañamiento a las familias de personas con discapacidad a lo largo de toda su vida, proporcionándole recursos, información, apoyo y orientación, así como atendiendo las necesidades y demandas que planteen, y, todo ello con una finalidad primordial consistente en mejorar la calidad de vida y el bienestar de la familia en general.

4. **Complete los espacios libres de las siguientes oraciones.**

En el principio de participación e integración las personas con discapacidad deben tener plena **libertad** y derecho de elegir su ámbito social, cultural, político, económico, artístico, deportivo, etc. en el que quieran intervenir y desarrollarse.

Para que exista **igualdad** entre **hombres** y mujeres con discapacidad es necesario, en primer lugar, que previamente se haga una planificación de las actuaciones diferenciadas y requeridas tanto para hombres como para mujeres. En segundo lugar, la existencia de **participación** y presencia equilibrada de ambos sexos. En tercer lugar, la obtención de un **beneficio** equivalente de las intervenciones públicas realizadas tanto por hombres como por mujeres con discapacidad.

La **igualdad de oportunidades** tiene su fundamento en la concepción de que todas las personas somos seres únicos e **irrepetibles** por lo que las políticas públicas deben adaptase a las personas y cubrir todas las necesidades que ellas presenten, favoreciendo la igualdad de oportunidades, compensando las deficiencias que presentan las personas con discapacidad y eliminando su discriminación.

5. **De las siguientes frases, indique cuál es verdadera o falsa.**

   a. La Convención sobre los Derechos de las Personas con discapacidad y su Protocolo Facultativo fueron aprobados por el Comité de los Derechos Mundiales de las Personas con discapacidad, el 13 de diciembre de 2006, en Nueva York, quedando abiertos a su firma el 30 de marzo de 2007, y obteniendo un total de 82 firmas sobre la Convención y 44 firmas del Protocolo Facultativo.

      ☐ Verdadero
      ☑ **Falso**

   b. Según el embajador neozelandés Don Mackay, presidente del Comité Especial de la Convención de las Naciones Unidas, se puede destacar que lo que realmente se pretende con la Convención es elaborar detalladamente los derechos de las personas con discapacidad y establecer un código de aplicación.

      ☑ **Verdadero**
      ☐ Falso

   c. La Convención sobre los Derechos de las Personas con discapacidad y su Protocolo Facultativo fueron aprobados por el Comité de los Derechos Mundiales de las Personas con discapacidad, el 13 de diciembre.

      ☑ **Verdadero**
      ☐ Falso

d. Todos los países que participaron en la Convención de los Derechos de las Personas con Discapacidad no tenían intereses económicos, ya que el garantizar que las personas con discapacidad se incorporaran a la vida activa con total plenitud no beneficia económicamente a dichos países, puesto que las personas con discapacidad no pueden ser empleados, empresarios, consumidores y contribuyentes.

☐ Verdadero
☑ **Falso**

6. **¿Cuáles son los principios que orientan y guían la aplicación práctica del concepto de "calidad de vida"?**

Los principios que orientan y guían la aplicación práctica del concepto de calidad de vida son factores ambientales, factores materiales, relaciones sociales y políticas gubernamentales.

7. **Agrupe cada uno de los apoyos y prestaciones proporcionados por el Estado para las personas con discapacidad con el área de apoyo que le corresponda.**

Apoyo social	Apoyo ocupacional y laboral	Apoyo informativo
Intercambio de sentimientos	Centros ocupacionales	Inteligencia ambiental
Feedback	Empleo protegido	Teleasistencia móvil
Ayuda material y física		

8. **Defina de forma breve, qué es un Plan Individualizado de Apoyo y enumere las principales necesidades que debe atender dicho plan en una persona con discapacidad:**

I Necesidades de apoyo médico.
I Barreras, obstáculos y complejidades de los entornos.
I Dificultad en la realización de actividades vitales.
I Necesidades de apoyo conductual.
I Necesidades de competencia personal.

Un Plan Individualizado de Apoyo se caracteriza por estar formado por un conjunto de técnicas y herramientas necesarias para atender las necesidades que presenta una persona con discapacidad de forma individual, identificando con ello los apoyos necesarios en base a sus necesidades.

Con respecto a la enumeración de las necesidades de las personas con discapacidad, según la prioridad:

1. Necesidades de competencia personal.
3. Dificultad en la realización de actividades vitales.
1. Necesidades de apoyo médico.
4. Necesidades de apoyo conductual.
2. Barreras, obstáculos y complejidades de los entornos.

9. **Defina los siguientes conceptos y explique qué características los relacionan:**

   ▌ *Planes de Futuro Personal (PFP):* consiste en la generación de imágenes de perspectivas futuras de las personas con discapacidad en base a cómo es y se encuentra la persona actualmente. Para ello es necesaria la colaboración de redes de apoyo (familiares, amigos y profesionales).
   ▌ *Plan de Estilo de Vida Esencial (ELP):* se basa en el encauzamiento del estilo de vida de la persona hacia la vida que quiere conseguir, desarrollando para ello contextos que generen una vida plena y feliz.
   ▌ *Planificación de Mañanas Alternativas con Esperanzas (PATH):* este proceso tiene como referente las expectativas de la persona con discapacidad en un futuro, estableciendo para ello pequeños retos y metas de corto plazo que con la ayuda de especialistas y familiares puede ir consiguiendo.
   ▌ *Planes de Acción (MAPS):* este proceso de planificación tiene como principal finalidad la creación de vínculos sociales con otras personas, generando con ello una visión de futuro de la persona con discapacidad compartida con las demás, y determinando conjuntamente las necesidades y fortalezas que la persona presenta y necesita para alcanzar su futura calidad de vida.

   Las principales características que los relacionan es que todos y cada uno de ellos pertenecen al proceso de Planificación Centrada en la Persona, cuyo objetivo común es la colaboración por parte de todas las personas que rodean al sujeto con discapacidad para la consecución de una mejor calidad de vida.

10. Busque y señale en la sopa de letras los principales tipos de principios de apoyos a personas con discapacidad.

N	O	D	I	S	C	R	I	M	I	N	A	C	I	O	N
O	N	G	R	T	Y	U	M	V	R	V	K	L	R	T	Ñ
Q	P	S	X	Z	V	B	R	Y	E	U	I	O	P	R	U
F	V	O	H	J	Y	U	T	E	S	T	A	S	W	A	N
I	X	S	R	A	U	D	I	T	I	V	A	O	S	N	I
S	N	F	V	T	G	H	J	L	N	M	M	T	Y	S	V
I	B	T	H	T	U	E	E	T	C	R	E	G	J	V	E
C	E	C	E	G	R	N	F	T	I	T	N	M	B	E	R
A	X	V	B	L	A	R	I	R	A	S	T	H	R	R	S
C	S	D	F	T	E	R	R	D	L	H	A	R	Y	S	A
I	X	S	I	S	F	C	G	J	A	R	L	Y	T	A	L
O	S	C	F	G	H	J	T	J	K	D	A	I	Y	L	I
N	V	E	H	H	K	B	X	U	R	G	E	H	Y	I	D
Q	X	C	V	B	N	M	Ñ	K	A	H	E	S	D	D	A
Q	W	E	E	R	T	Y	U	H	J	L	S	I	O	A	D
P	A	R	T	I	C	I	P	A	C	I	O	N	I	D	Ñ

11. Indique los servicios de apoyos que no pertenecen a la realización de actividades comunitarias.

    a. Servicios de atención y cuidado.
    b. Centros ocupacionales.
    c. Centros de estudios.
    d. Escuelas taller.
    e. Centros de referencia estatal.
    f. Servicios de alojamiento alternativos.
    g. Guarderías.

12. **Los principales pasos para establecer un seguimiento y evaluación de los apoyos recibidos por las personas con discapacidad son:**

   a. Planificación de los apoyos a otorgar, evaluación de apoyos individualizados, evaluación de la persona con discapacidad y observación y atención de dichos apoyos.
   b. **Evaluación de la persona con discapacidad, planificación de los apoyos a otorgar, monitorización de dichos apoyos y evaluación de apoyos individualizados.**
   c. Evaluación de la persona con discapacidad, priorización de las necesidades que presenta dicha persona, establecimiento de los apoyos y evaluación de apoyos individualizados.
   d. No es necesaria una evaluación previa.

13. **Relacione cada uno de los ámbitos de estudio con sus principales técnicas y herramientas de planificación de apoyos.**

   a. Intervención en habilidades de autonomía.
   b. Intervención en alteraciones cognitivas.
   c. Intervención en alteraciones emocionales.
   d. Intervención en alteraciones sociales.

   b. Utilización y manejo de los objetos.
   d. Ampliar las capacidades y habilidades en las actividades que realizan en función de sus intereses futuros.
   a. Autocontrol y estrategias de control con el entorno.
   c. Planificar las conductas emocionales.

14. **¿Cuáles son las principales ayudas y prestaciones económicas otorgadas a las personas con discapacidad? Explíquelas y señale sus principales características.**

Las Administraciones Públicas del Estado, en función del grado de discapacidad y de los recursos económicos que presenten las personas, han establecido tres tipos de prestaciones económicas:

   ▪ *Vinculadas al servicio:* en función del grado y nivel de discapacidad y dependencia de la persona se concederá dicha prestación económica cuando la persona con discapacidad no pueda acceder a un servicio público o concertado.

▮ *Para cuidados familiares:* dirigidas principalmente para el cuidado y atención de las personas con discapacidad en su propio domicilio, siendo atendido por un familiar directo.

▮ *Asistencia personal:* son prestaciones otorgadas para la contratación de un asistente cualificado, lo cual permitirá que la persona con discapacidad tenga una mayor autonomía y beneficio en el acceso a su trabajo y educación.

15. Encuentre los errores de las siguientes definiciones.

a. El seguimiento en el proceso de estudio e **inspección** de la persona es **superficial,** ya que la situación y necesidades de las personas con discapacidad van evolucionando constantemente, originado muchos cambios.

b. La función principal que debe cumplir la evaluación se basa específicamente en el **desconocimiento** de los factores causantes de dicha discapacidad presentada en la persona (fruto de la interacción entre el sujeto, su conducta y el entorno en el que se desarrolla), la **confusión** de dicho fenómeno y la identificación de las características y factores que provocan el malestar de la persona en sus diferentes niveles biopsicosociales de desarrollo.

c. El Plan Individualizado de Apoyo es la herramienta por **inferioridad** para la planificación de apoyos de las persona con discapacidad, ya que su estudio está basado empíricamente en el análisis **parcial** de las necesidades que presentan las personas para posteriormente determinar el tipo de ayuda que más le **perjudica** a dicho individuo, garantizando con ello su calidad de vida e intereses futuros.

Solucionario Capítulo 3

1. **El Real Decreto Legislativo 1/2013, de 29 de noviembre, por el que se aprueba el Texto Refundido de la Ley General de derechos de las personas con discapacidad y de su inclusión social tiene como objetivo fundamental...**

   a. Garantizar y estimular a las personas con discapacidad en la consecución de derechos educativos, sociales y cognitivos, disponiendo así de igualdad de oportunidades en todos los ámbitos de la vida.
   b. Garantizar el derecho a la igualdad de oportunidades y de trato, así como el ejercicio real y efectivo de derechos por parte de las personas con discapacidad en igualdad de condiciones respecto del resto de ciudadanos y ciudadanas, a través de la promoción de la autonomía personal, de la accesibilidad universal, del acceso al empleo, de la inclusión en la comunidad y la vida independiente y de la erradicación de toda forma de discriminación, conforme a los artículos 9.2, 10, 14 y 49 de la Constitución española y a la Convención Internacional sobre los Derechos de las Personas con Discapacidad y los tratados y acuerdos internacionales ratificados por España.
   c. Establecer el régimen de infracciones y sanciones que garantizan las condiciones básicas en materia de igualdad de oportunidades, no discriminación y accesibilidad universal de las personas con discapacidad.
   d. **Las opciones b y c son correctas.**

2. **Relacione las siguientes definiciones con los términos que le correspondan.**

   a. Con esta ley lo que se pretende es que ya no sea la mujer (en el sistema familiar) la encargada de cuidar a la persona dependiente, sino que sea el Estado quien determine políticas de promoción y protección del derecho a la vida autónoma y digna.
   b. La familia es uno de los pilares básicos de desarrollo para las personas con discapacidad, convirtiéndose además en su primer contexto socializador.
   c. Los principios fundamentales son el respeto a la autonomía, la vida independiente, la no discriminación, la igualdad de oportunidades y la accesibilidad universal, entre otros.
   d. Corresponde a los poderes públicos promover las condiciones para que la libertad y la igualdad del individuo y de los grupos en que se integra sean reales y efectivas.

<u>c.</u> Ley General de derechos de las personas con discapacidad y de su inclusión social.

<u>b.</u> Intervención y acompañamiento en el contexto familiar.

<u>d.</u> Constitución española.

<u>a.</u> Ley de Promoción de la Autonomía Personal y Atención a las Personas en Situaciones de Dependencia.

3. **Cuáles son los ámbitos de intervención y acompañamiento generales dirigidos a las personas con discapacidad? Explíquelos brevemente y señale sus características.**

Son dos los ámbitos de intervención y acompañamiento generales dirigidos a las personas con discapacidad:

▌ *Intervención y acompañamiento en el domicilio:* generalmente desarrollado por familiares, así como profesionales durante un corto periodo de tiempo al día o a la semana.

▌ *Intervención y acompañamiento en instituciones sociales:* dicha intervención se puede realizar con la ayuda, apoyo y acompañamiento de profesionales cualificados a nivel educativo, social, laboral y de ocio y tiempo libre.

4. **Complete los espacios libres de las siguientes oraciones.**

a. Los principales miembros de las instituciones sociales son los propios **usuarios,** familiares, voluntarios, **profesionales cualificados** (terapeuta ocupacional, psicólogo, pedagogo, educador social, enfermeros, auxiliares, etc.) e incluso un equipo directivo encargado de la planificación y de la dirección de la institución.

b. El acompañamiento **social** se caracteriza por ser un acto funcional del trabajo social comunitario basado en el **asesoramiento** y apoyo de la gestión y de los recursos del acompañante, facilitando la integración y el desarrollo de la igualdad de oportunidades.

c. El acompañamiento **terapéutico** se caracteriza por ser desarrollado en clínicas, en un ambiente cotidiano, operando sobre aspectos **subjetivos,** comunitarios y sociales, vinculándolos a la persona con discapacidad.

d. El acompañamiento **comunitario** es muy particular, ya que trata de intervenir sobre toda la comunidad, estableciéndola como un todo sin diferenciar al sujeto con discapacidad, fomentando con ello la **interacción** social de la persona y su integración en la comunidad.

5. De las siguientes afirmaciones, indique cuál es verdadera o falsa.

a. La intervención grupal en las personas con discapacidad es concebida como el proceso de mediación, planificación e implicación de ciertos profesionales en el desarrollo de las necesidades individuales, familiares y sociales que pueda presentar el sujeto con discapacidad, llevando a cabo un conjunto de estrategias y actuaciones que favorezcan su correcto desarrollo e implicación en la sociedad.

☐ Verdadero
☒ **Falso**

b. La metodología de intervención de los tipos de acompañamiento dirigidos a las personas con discapacidad debe estructurarse en varios módulos de intervención, respondiendo a las problemáticas presentadas en las tres dimensiones: familia, sociedad y la persona de forma individual.

☐ Verdadero
☒ **Falso**

c. Las distintas entidades (organizaciones, asociaciones, fundaciones, etc.) responsables de la oferta de actividades de ocio, cultura y deporte para personas con discapacidad son quienes deben incorporar en su plantilla a profesionales cualificados para el desarrollo de estas actividades, garantizando con ello a su vez el servicio de acompañamiento.

☒ **Verdadero**
☐ Falso

d. La autodeterminación está basada en la capacidad que tienen los seres humanos, y más concretamente las personas con discapacidad en determinar sus propios pensamientos, comportamientos y sentimientos, generando con ello actitudes y habilidades encaminadas a la consecución de sus necesidades, intereses y valores.

☒ **Verdadero**
☐ Falso

6. **¿Cuáles son las principales estrategias desarrolladas por profesionales y familiares en la actividad de higiene personal de las personas con discapacidad?**

Las principales estrategias llevadas a cabo para dicha actividad son:

- Señalar el camino a los servicios mediante dibujos o pictogramas indicativos.
- Utilizar ropa ancha y con cintura elástica que permita su subida y bajada con facilidad.
- Instalar barras a los lados del inodoro para que la persona pueda apoyarse, sentarse y levantarse con una mayor facilidad y agilidad, así como para dar soporte a la persona que la ayude a hacerlo.
- Instalar dispensadores para que el papel higiénico se corte automáticamente, facilitando la tarea de limpiarse.
- Crear un ambiente cálido, evitando cualquier estímulo negativo que provoque en la persona con discapacidad la realización de esfínteres encima.
- Dotar de recursos comunicativos a las personas para que indiquen su necesidad de ir al baño.

7. **Relacione cada una de las estrategias de apoyo de la persona con discapacidad con sus correspondientes habilidades a desarrollar por la persona:**

   a. Exploración de posibilidades.
   b. Utilización de prendas de vestir holgadas.
   c. Ayudar a comprender su discapacidad.
   d. Fomentar la capacidad de elección.
   e. Utilización del bastón como punto de apoyo.
   f. Favorecer las relaciones interpersonales.

   b. e. Autonomía.
   d. f. Autorregulación de la conducta.
   a. c. Autodeterminación.

8. **Ordene los aspectos a tener en cuenta por el profesional en el diseño de las actividades referidas en el ejercicio anterior.**

   a. Evaluación.
   b. Difusión de la actividad.
   c. Desarrollo.
   d. Inscripción de la actividad.

e. Transporte.
f. Planificación.
g. Entorno.
h. Difusión de la actividad.
i. Ubicación.

Con respecto al orden, los principales aspectos que todo profesional debe tener en cuenta para el diseño de actividades de intervención individual, se puede destacar el siguiente:

a. Planificación.
b. Ubicación.
c. Entorno.
d. Transporte.
e. Inscripción a las actividades.
f. Difusión de la actividad.
g. Ubicación.
h. Desarrollo.
i. Evaluación.

9. **Defina de forma breve los aspectos a considerar en el diseño de actividades dirigidas a una intervención individual.**

El profesional deberá tener en cuenta las características individuales de cada sujeto, certificando con ello la intervención individual.

Por tanto, en el diseño de actividades individuales los especialistas deberán considerar los siguientes aspectos:

▌ Planificación: el profesional debe asegurarse a la hora de planificar una actividad que el usuario va a tener la oportunidad de poder participar en igualdad de condiciones.
▌ Desarrollo: todos los profesionales, posteriormente al diseño de actividades individuales de ocio, deporte y cultura, tendrán que realizar un seguimiento y supervisión de la actividad para garantizar el cumplimiento y la integración del sujeto en la tarea a desarrollar. De esta manera, los profesionales cualificados deberán asegurarse de que los servicios de acompañamiento (realizados por familiares o especialistas), intérpretes de lengua de signos, así como intérpretes de personas sordociegas desempeñan y ejecutan correctamente su labor, en base siempre a las características del sujeto con discapacidad.

I Evaluación: al final de la actividad, el sujeto con discapacidad deberá realizar un cuestionario de satisfacción con el que se comprobará si la actividad desarrollada ha cubierto sus necesidades y expectativas. Este cuestionario incluirá ítems que evaluarán la ubicación de la actividad, su entorno, el transporte, los materiales empleados, etc.

10. Busque y señale en la sopa de letras los principales componentes del proceso de autorregulación con las personas con discapacidad:

N	C	O	G	N	I	C	I	O	N	T	A	C	I	O	N
O	M	G	R	T	Y	U	M	V	R	V	K	L	R	T	Ñ
Q	P	E	X	Z	V	B	R	Y	E	U	I	O	P	R	U
F	V	O	T	J	Y	U	T	E	S	T	A	S	W	A	N
I	C	S	R	A	U	D	I	T	I	V	A	O	S	N	I
S	O	F	V	T	C	H	J	L	N	M	M	T	Y	S	V
I	N	T	H	T	U	O	E	T	C	R	E	G	J	V	E
C	T	C	E	G	R	N	G	T	I	T	N	M	B	E	R
A	E	V	B	L	A	R	I	N	A	S	T	H	R	R	S
C	X	D	F	T	E	M	O	T	I	V	A	C	I	O	N
I	T	S	I	S	F	C	G	J	A	C	L	Y	T	A	L
O	O	C	F	G	H	J	T	J	K	D	I	I	Y	L	I
N	L	E	H	H	K	B	X	U	R	G	E	O	Y	I	D
Q	X	C	V	B	N	M	Ñ	K	A	H	E	S	N	D	A
Q	W	E	E	R	T	Y	U	H	J	L	S	I	O	A	D
P	A	R	C	O	N	D	U	C	T	A	O	L	I	D	Ñ

11. **Defina los siguientes conceptos y explique qué los relaciona.**

    a. **Fase de planificación:** consiste en el establecimiento de los objetivos, metas y actividades a desempeñar con la persona con discapacidad.

    b. **Fase de realización:** es el conjunto de habilidades, capacidades y destrezas que necesita una persona con discapacidad para alcanzar las metas propuestas.

    c. **Fase de autoreflexión:** hace referencia a los procesos de evaluación por parte del especialista y autoevaluación por parte del sujeto de sus satisfacciones o insatisfacciones, su conducta adaptativa y el afrontamiento de sus problemas.

    Con respecto a la relación que existe entre dichos conceptos se puede destacar que estas etapas o fases hacen referencia al principio que establece que la autorregulación puede ser aprendida, enseñada y contralada, y que además, debe ser realizada por los profesionales en colaboración con la familia y las propias personas con discapacidad para llevar a cabo la elaboración de su plan de intervención.

12. **Señale en negrita las técnicas que no se incluyen ni pertenecen al aprendizaje de la adquisición de habilidades sociales.**

    a. Enseñanza directa.
    b. **Técnicas de utilización de metáforas.**
    c. **Autodiagnóstico.**
    d. Aprendizaje a través de modelos.
    e. **Técnicas de búsqueda de consenso.**
    f. Reforzamiento de las conductas adecuadas.
    g. Moldeamiento.

13. **Los servicios de acompañamiento realizados por profesionales cualificados en materia de personas con discapacidad tienen como principal misión...**

    a. ... asistir a los sujetos en todos aquellos aspectos que lo necesiten sin olvidar en ningún momento que son personas dependientes.

    b. **... asistir a los sujetos en todos aquellos aspectos que lo necesiten sin olvidar en ningún momento que son personas independientes.**

c. ... asistir a los sujetos en todos aquellos aspectos que lo necesiten sin olvidar en ningún momento que son personas independientes en determinados aspectos, pero muy dependientes en otros muchos.

d. ... asistir a los sujetos solo en algunos aspectos, teniendo en cuenta su independencia.

14. Relacione cada una de las funciones a cumplir por el acompañante en base a la discapacidad que presente el sujeto.

a. Ofrecerle el brazo a la persona con discapacidad para poder guiarle y favorecer con ello su movilidad.

b. Al descender peldaños o escaleras debe realizarse detenidamente y elevando las ruedas delanteras de la silla.

c. Nunca ir rápido en el traslado de un lugar a otro, ya que puede bloquear las ruedas de la silla y provocar la caída del sujeto con discapacidad.

d. Las técnicas de acompañamiento más utilizadas son aquellas relacionadas con la lengua de signos, en las cuales los profesionales mediante una configuración gesto-espacial y percepción visual transmiten la información a los sujetos con discapacidad de forma neutral y confidencial.

e. El acompañante irá ligeramente más adelantado que el sujeto para avisarle de todos los obstáculos con los que se pueda encontrar (puertas, escalones, zonas estrechas, etc.).

a. e. Discapacidad visual.
b. c. Discapacidad física.
d. Discapacidad auditiva.

15. ¿Cuáles son los principales tipos de acompañamiento desarrollados en las personas con discapacidad?

Son tres los principales tipos de acompañamiento de las personas con discapacidad: acompañamiento social, terapéutico y comunitario.

Solucionario Capítulo 4

1. **Los Estados de los países participantes en la Convención de los Derechos Humanos de 2006 tenían como misión...**

   a. ... el diseño de productos y entornos prácticos, útiles y aptos únicamente para personas normales, limitando la accesibilidad a la información y comunicación por parte de los sujetos con discapacidad con el desarrollo de instrumentos de uso equitativo, flexible, intuitivo y sencillo, con tolerancia a los errores, bajo esfuerzo físico, y sobre todo, con una información perceptible.

   b. **... adoptar las medidas oportunas para que los derechos fuesen cumplidos y garantizar y asegurar de este modo el acceso de todas las personas con discapacidad a su entorno físico, a la adquisición y transmisión de información y procesos de comunicación inclusive al desarrollo de las nuevas tecnologías de información y comunicación, la accesibilidad a los medios de transporte, a los edificios, así como a todos y cada uno de los servicios e instalaciones de carácter público, ya estén ubicados en zonas rurales o urbanas.**

   c. ... la adquisición y transmisión de la información y procesos de comunicación tanto a personas con discapacidad sensorial como a personas sin discapacidad, favoreciendo la accesibilidad tanto del entorno como de los transportes a dichos individuos, garantizando a su vez su independencia y mejora de la calidad de vida.

   d. ... la adquisición y transmisión de la información y procesos de comunicación tanto a personas con discapacidad sensorial como a personas sin discapacidad, favoreciendo la accesibilidad tanto del entorno como de los transportes a dichos individuos pero sin garantizar su independencia o la mejora en la calidad de vida.

2. **¿Cuáles son las principales barreras que dificultan el acceso al entorno a las personas con discapacidad física?**

   - Urbanísticas.
   - Transporte.
   - Arquitectónicas.
   - Barreras en la comunicación.

3. **Relacione las siguientes definiciones con el término que le corresponda.**

   a. Son el conjunto de impedimentos sociales, económicos o arquitectónicos que dificulta o imposibilita la integración de las personas con discapacidad en la sociedad y en su medio físico.
   b. Conjunto de medios y herramientas creadas por el hombre que permiten y facilitan la realización de determinadas acciones funcionales por parte de aquellas personas que presentan algún tipo de discapacidad.
   c. Son utilizadas por personas con movilidad reducida y con deficiencias visuales. Su principal función es servir de ayuda para desplazarse en diferentes entornos, evitando con ello su caída por falta de equilibrio o fuerza en las articulaciones y músculos.
   d. Instrumento de ayuda técnica para sujetos con discapacidad que dispone de una plataforma abatible agarrada a unos raíles que permiten el desplazamiento de la persona en el mismo ángulo que las escaleras.

   d. Salvaescaleras con plataforma.
   a. Barreras.
   c. Bastones y muletas.
   b. Ayudas técnicas.

4. **Complete los espacios libres de las siguientes oraciones.**

   a. La accesibilidad física es uno de los principios establecidos en la Convención de las Naciones Unidas 2006, el cual se concibe como un factor de **calidad** de uso de los bienes que la disfrutan, haciendo especial hincapié en la búsqueda continua de soluciones operativas que fomenten un cambio de **mentalidad** en la ciudadanía, sobre todo dirigidas a las personas con discapacidad.
   b. Una insuficiencia de la persona al acceder y comunicarse con su medio **físico** puede imposibilitar su acceso y proceso de comunicación, por ello es imprescindible que el entorno físico de todas y cada una de las personas que conforman este planeta satisfaga todas las **necesidades** de las personas, cumpliendo con su derecho de accesibilidad.
   c. Los **facilitadores** de accesibilidad a la información y comunicación suponen la **integración** total de una persona con discapacidad, y requieren de la utilización libre, cómoda y segura de los medios de **transporte** que están a su alcance.

5. **De las siguientes afirmaciones, indique cuál es verdadera o falsa.**

a. Una insuficiencia de la persona para acceder y comunicarse con su medio físico puede posibilitar su acceso y proceso de comunicación, por ello es imprescindible que el entorno físico de todas y cada una de las personas que conforman este planeta satisfaga todas las necesidades de las personas, cumpliendo con su derecho de accesibilidad.

☐ Verdadero
☑ **Falso**

b. Las barreras urbanísticas son aquellas barreras que impiden el acceso a los edificios ya sea en su parte externa como en el interior de dicho edificio.

☐ Verdadero
☑ **Falso**

c. La integración total de una persona con discapacidad requiere de la utilización libre, cómoda y segura de los medios de transporte que están a su alcance.

☑ **Verdadero**
☐ Falso

d. El acompañamiento personalizado de las personas con discapacidad supone el aprendizaje por parte de estas de poder desenvolverse de forma autónoma y libre en un futuro, garantizando con ello su integración en la sociedad.

☑ **Verdadero**
☐ Falso

6. **¿Cuáles son las principales ayudas técnicas o productos de apoyo que más utilizan las personas con discapacidad física?**

▎ Barras o pasamanos.
▎ Bastones y muletas-andadores.
▎ Sillas de ruedas.
▎ Adaptadores de llaves.
▎ Rampa.
▎ Ascensor.
▎ Salvaescaleras con plataforma.

7. **Agrupe cada uno de los elementos imprescindibles para el desarrollo de la lectura fácil con sus correspondientes estrategias de acceso a la información.**

    a. Pictogramas.
    b. Evitar palabras muy técnicas y lenguaje retórico.
    c. Contraste tanto de color como de expresión en el fondo y en las ilustraciones de la lectura.
    d. Márgenes anchos.
    e. El tipo de letra debe ser grande y muy clara.
    f. Incluir logotipos de fácil comprensión por los lectores.
    g. Conocer las necesidades lectoras del público.

    b. g. Estrategias de lenguaje y contenido.
    a. d. Estrategias de maquetación.
    c. e. f. Estrategias de papel o medios de comunicación, tipografía y expresión.

8. **Defina de forma breve cuáles son los principales sistemas alternativos y aumentativos sin ayuda dirigidos al acceso de la información en el entorno por parte de las personas con discapacidad.**
Ordene en función de su prioridad qué sistemas son los más utilizados para personas con discapacidad aditiva, discapacidad visual o sordoceguera.

    a. Alfabeto dactilológico.
    b. Lengua de signos.
    c. Sistemas de comunicación bimodal.
    d. Sistemas de palabra complementada.

Los sistemas alternativos y aumentativos sin ayuda son mecanismos dirigidos a las personas con alguna carencia lingüística, los cuales pueden mejorar su proceso comunicativo sin la necesidad de ayudas externas.

- **Lengua de signos o señas:** consiste en el desarrollo del lenguaje de forma natural y mediante una configuración gesto espacial y visual. Dirigido fundamentalmente a sordos.
- **Sistema de comunicación bimodal:** se basa en el desarrollo simultáneo del habla con la lengua de signos. Se caracteriza porque la lengua predominante es la oral.
- **Alfabeto dactilológico:** se trata de un mecanismo utilizado por las personas sordociegas, muy similar a la lengua de signos, pero se diferencia en que este sistema se utiliza en la versión visual o táctil, dependiendo de los restos visuales del sujeto con discapacidad.

▌ **Sistema de palabra complementada:** es un método dirigido a personas
con discapacidad auditiva realizado a través de la lectura labio-facial.

Con respecto a la ordenación según la utilización y desarrollo en las personas con discapacidad auditiva, visual y sordoceguera de los principales mecanismos de sistemas
aumentativos y alternativos sin ayuda se puede establecer:

▌ Lengua de signos.
▌ Sistemas de comunicación bimodal.
▌ Alfabeto dactilológico.
▌ Sistema de palabra complementada.

9. **Defina los siguientes conceptos y explique qué los relaciona:**

a. Iluminación.
b. Puntos de información.
c. Canales de señalización.
d. Transmisión de la información.
e. Dispositivos de comunicación.

▌ **Iluminación.** Los materiales, acabados, colores de los espacios e iluminación son algunos de los principales elementos facilitadores que refuerzan
la percepción de los ambientes de las personas con discapacidad visual
y le ayudan a poder comunicarse y orientarse en determinados espacios.
La iluminación en este sentido se concibe como un punto prioritario en la
capacidad de comunicación de las personas con deficiencias visuales, ca-
racterizándose por su uniformidad, adecuación tanto en espacios interiores
como exteriores, así como en ambientes diurnos y nocturnos.
▌ **Puntos de información.** Para las personas con discapacidad sensorial
(visual y/o auditiva), tanto los puntos de información como los mostradores
son elementos facilitadores muy necesarios que permiten su accesibilidad,
orientación y guía para dichas personas.
Es muy importante además que en dichos puntos de información se encuentre
personal trabajando, garantizando con ello una perfecta y adecuada orientación, guía, comunicación e información a las personas con discapacidad.
▌ **Canales de señalización.** Los canales de señalización se caracterizan por
ser elementos facilitadores de comunicación de las personas que sufren
determinadas discapacidades, entre las que se encuentran las personas
con discapacidad visual y auditiva.

Entre los principales elementos de señalización se encuentran indicadores o paneles de información, placas de orientación, franjas señalizadores, maquetas, planos, etc.

I **Transmisión de la información.** La transmisión de la información es un elemento facilitador que permite la difusión de la información tanto para las personas con discapacidad como para las que no presentan ningún tipo de problema. Dicha transmisión se puede realizar por diversas vías tales como: información impresa, complementaria, digital y audiovisual.

Con respecto a la relación que existe entre dichos conceptos se puede destacar que todos son servicios que cubren las necesidades de las personas con discapacidad actúan como facilitadores y mejoran el desarrollo de las personas con discapacidad sensorial en sus procesos de comunicación e información.

10. **Señale las barreras que no impiden el libre acceso a los procesos de información y comunicación en las personas con discapacidad visual.**

   a. Barreras semánticas.
   b. **Barreras cognitivas.**
   c. **Barreras emocionales.**
   d. Barreras del entorno físico.
   e. **Barreras en el transporte.**
   f. Barreras fisiológicas.
   g. **Barreas tecnológicas.**

11. **Las principales ayudas técnicas desarrolladas para el acceso a la información por parte de las personas con discapacidad auditiva son:**

   a. **Indicadores de sonido del hogar, despertadores con vibración, amplificadores portátiles, teléfonos fijos de texto, videoteléfonos, etc.**
   b. Indicadores de sonido del hogar, despertadores con vibración, amplificadores portátiles, teléfonos fijos de texto, videoteléfonos, instrumentos de escritura en braille, bastones y accesorios, etc.
   c. Indicadores de sonido del hogar, despertadores con alarma sonora y numeración en relieve, amplificadores portátiles, teléfonos fijos de texto, impresoras y máquinas de escritura en braille, etc.
   d. Indicadores de sonido del hogar, despertadores con alarma sonora y numeración en relieve, videoteléfonos, impresoras y máquinas de escritura en braille, etc.

12. **Relacione las barreras principales de acceso a la información y comunicación con el desarrollo y acceso a su entorno según el tipo de discapacidad que presentan las personas.**

    a. Barreras semánticas.
    b. Barreras de acceso a las nuevas tecnologías.
    c. Barreras arquitectónicas.
    d. Barreras de acceso a edificios.

    b. d. Discapacidad cognitiva.
    a. b. d. Discapacidad visual.
    b. d. Discapacidad auditiva.
    b. c. Discapacidad física.

13. **Señale y explique cuáles son las principales barreras de acceso a la información y comunicación para las personas con discapacidad auditiva.**

Las principales barreras de acceso a la comunicación en las personas con discapacidad auditiva son:

▪ Desarrollo del canal auditivo de transmisión de la información: hoy en día, todos los sonidos y procesos de comunicación requieren de un canal auditivo de comunicación, el cual se caracteriza por ser una cavidad del oído externo cuya misión es transportar el sonido provocado por las vibraciones de la presión del aire desde el pabellón auricular hasta el tímpano.
▪ Medios de comunicación fundamentalmente auditivos: televisión, radio, internet, etc., a excepción de la prensa que es un medio de comunicación escrito.
▪ Teléfonos móviles y fijos: la creación de la mayoría de dichos aparatos telefónicos van dirigidos a personas sin discapacidad, sin tener en cuenta las necesidades de los sujetos con deficiencias auditivas.
▪ Ausencia de intérpretes: los intérpretes favorecen el proceso de comunicación en las personas sordas, ya que trasladan mediante la lengua de signos lo que las personas sin discapacidad comunican a las personas con discapacidad.

14. Encuentre los errores de las siguientes definiciones:

a. En la Convención de los Derechos Humanos de las Personas con Discapacidad el proceso de accesibilidad se concebía como una **consecuencia** general y un **deber** de todas las personas a ingresar, transitar y permanecer en un lugar de manera segura, autónoma y confortable, así como **descartar** la utilización de un objeto, visitar un lugar y acceder a los servicios de información y comunicación de forma independiente a sus capacidades técnicas, cognitivas o físicas.

b. En los últimos años la accesibilidad física al entorno por parte de las personas con discapacidad no ha sufrido un gran cambio, ya que en un principio la discapacidad estaba asociada a la **inclusión** y **aceptación** de las barreras físicas que **favorecían** el libre acceso a los entornos urbanos del sujeto con discapacidad.

c. La accesibilidad supone la **discriminación** y la **desigualdad** de todos los individuos, favoreciendo el desarrollo de la autonomía, supresión de **facilitadores** y la actuación de **barreras** para las personas con discapacidad, garantizando además su integración, el ejercicio de sus derechos y el acceso a los bienes de su entorno o comunidad.

d. El alfabeto dactilológico consiste en un mecanismo utilizado por las personas con discapacidad **física,** muy similar al **Sistema PECS,** pero se diferencian en que este sistema se utiliza en la versión visual o táctil, dependiendo de la **motricidad** del sujeto con discapacidad.

15. Busque y señale en la sopa de letras los principales aparatos que actúan como barreras de acceso a la información y comunicación en las personas con discapacidad visual.

N	M	O	V	I	L	T	O	P	V	T	A	C	I	O	N
O	M	R	R	T	Y	U	M	V	R	V	K	L	R	T	Ñ
Q	P	D	X	Z	V	T	R	Y	E	U	I	O	P	R	U
F	V	E	T	J	Y	U	E	E	S	T	A	S	W	A	N
I	C	N	R	A	U	D	I	L	I	V	A	O	S	N	I
S	O	A	V	T	C	H	J	L	E	M	M	T	Y	S	V
I	N	D	H	T	U	O	E	T	C	V	E	G	J	V	E
C	T	O	E	G	R	N	G	T	I	T	I	M	B	E	R
A	E	R	B	L	A	R	I	N	A	S	T	S	R	R	S
C	X	D	F	T	E	D	V	D	I	V	A	C	I	O	N
I	T	S	I	S	F	C	G	J	A	C	L	Y	T	O	L
O	I	N	T	E	R	N	E	T	K	D	I	I	Y	L	N
N	L	E	H	H	K	B	X	U	R	G	E	O	Y	I	D
Q	X	C	V	B	N	M	Ñ	K	A	H	E	S	N	D	A
Q	W	E	E	R	T	Y	U	H	J	L	S	I	O	A	D
P	A	R	C	O	N	D	U	C	T	A	O	L	I	D	Ñ

Solucionario Capítulo 5

1. **La Ley de Promoción de la Autonomía Personal y Atención de Personas en Situación de Dependencia 39/2006, de 14 de diciembre, estipula y reconoce...**

   a. **... el derecho que las personas con discapacidad tienen para beneficiarse de la contratación o asistencia a organizaciones donde reciban los cuidados, servicios y asistencia necesaria para el desarrollo de su vida.**
   b. ... el derecho que tienen para beneficiarse las familias de la contratación de personal cualificado que le preste los servicios de cuidado y asistencia necesaria para la persona con discapacidad.
   c. ... la obligación que dichas personas con discapacidad tienen de beneficiarse para asistir a organizaciones donde reciban los cuidados, servicios y asistencia necesaria para el desarrollo de su vida.
   d. Todas las opciones anteriores son incorrectas.

2. **Relacione las siguientes definiciones con el término que le corresponda:**

   a. Conjunto de principios y reglas éticas que guían y regulan la actividad de los profesionales encargados de las personas con discapacidad.
   b. Conjunto de valores y principios éticos que orientan y guían a los profesionales en su trabajo con las personas con discapacidad, garantizando su compromiso y el desarrollo de sus deberes y obligaciones en su labor de acompañantes.
   c. Las personas con discapacidad son ciudadanos de pleno derecho, cuyas necesidades, derechos y deberes son iguales a los de los demás.
   d. Basado en el principio de acción humanitaria, en el cual se establecen relaciones y lazos especiales tanto por parte de los familiares y personas con discapacidad, como por parte de los profesionales que interactúan con ellos, favoreciendo la construcción de su identidad personal y grupal.

   b. Código ético.
   d. Apoyo mutuo.
   a. Deontología.
   c. Igualdad.

3. **¿Cuáles son los derechos fundamentales que todo profesional debe cumplir en el cuidado, atención y guía de las personas con discapacidad? Explíquelos.**

- Ejecutar prácticas y estrategias que promuevan y desarrollen la capacidad de elegir, tomar decisiones y fijar metas personales y profesionales dirigidas a fomentar la autonomía y autodeterminación de las personas con discapacidad.
- Examinar y consultar a las personas con las cuales interactúan para poder determinar qué tipo de actividades se deben desarrollar.
- Facilitar a los usuarios toda la información y comprensión necesaria sobre los productos o sistemas de apoyo, así como por sus actuaciones, las cuales favorecerán la mejora de su calidad de vida.
- Denunciar episodios de injusticia, maltrato, discriminación, desigualdad, etc. que incumplan las normas de la organización.
- Actuar y certificar el respeto y el trato digno de las personas con discapacidad.
- Fomentar la autoestima de los sujetos con discapacidad y su reconocimiento en la sociedad, independientemente de sus limitaciones o discapacidades.
- Mantener de forma constante una relación de calidad y significativa con las personas con discapacidad.
- Apoyar a las familias y a la organización en su reivindicación en el ejercicio de un conjunto de actividades dirigidas a alcanzar una determinada misión, favoreciendo con ello la mejora de la calidad de vida de los sujetos con discapacidad y su inclusión en la sociedad.
- Apoyar a la familia en la aceptación de sus familiares con discapacidad, potenciando el desarrollo de sus capacidades y de su vida en general.
- Asegurar el compromiso de los demás compañeros de profesión hacia las personas con discapacidad, involucrándose y participando en todas las acciones formativas que se consideren necesarias y útiles en el desarrollo de estos sujetos mediante la realización de actividades, asistencia a talleres, seminarios, charlas, etc.

4. **Complete los espacios libre de las siguientes oraciones:**

a. Son muchas las **organizaciones** que han luchado durante años para que los sujetos con discapacidad puedan y deban ser atendidos por **profesionales cualificados,** considerados como acompañantes. Pero para que dichas personas puedan ser consideradas como profesionales, previamente han de haber cursado una **formación** específica en el área de la discapacidad, así como conocer, respetar y valorar todos los deberes y obligaciones que se estipulan en su correspondiente **código ético** profesional.

b. Es un **deber** de todo profesional garantizar absoluta **confidencialidad** con respecto a la información de carácter personal que utilizan los profesionales en base a dichos sujetos con discapacidad.

c. Todos los profesionales tienen derecho a ser informados, opinar y **valorar** sobre las decisiones que le puedan afectar, así como conocer el curso de la organización en la que efectúa su trabajo. Dicha **información** debe ser comunicada de forma **traslúcida**, veraz y con prudencia.

5. **De las siguientes afirmaciones, indique cuál es verdadera o falsa.**

a. Solamente los profesionales especializados deben actuar para la consecución de la mejora de la calidad de vida de los sujetos con discapacidad sin tener en consideración los servicios, organizaciones, instituciones, etc., y cuyas principales funciones son contribuir mediante su esfuerzo y aportación de recursos en el desarrollo del bienestar y la mejora de la calidad de vida de estos sujetos.

☐ Verdadero
☑ **Falso**

b. El código ético es el documento oficial donde se establecen todos los principios y valores éticos que rigen la actividad de los profesionales cualificados en base a la cultura institucional que lo rige, y en el cual se plasma la importancia del compromiso de forma individual por todos los profesionales que conforman la institución.

☑ **Verdadero**
☐ Falso

c. Apoyar a las personas con discapacidad cuando sea necesario, contribuyendo con ello a la normalización de su vida y al fomento de la igualdad de oportunidades participativas es un derecho que tienen los profesionales respecto a las personas con discapacidad.

☐ Verdadero
☑ **Falso**

d. La igualdad, en base a las personas con discapacidad, establece que la principal esencia del ser humano es que cada persona es portadora de su valor por sí misma, ya que tiene poder de desarrollo y crecimiento de forma continua y permanente, aún teniendo una serie de limitaciones provocadas por su deficiencia.

☐ Verdadero
☑ **Falso**

6. ¿Qué es el código ético y qué objetivos persigue con respecto a los profesionales?

El código ético es el documento oficial donde se establecen todos los principios y valores éticos que rigen la actividad de los profesionales cualificados en base a la cultura institucional que lo rige, y en el cual se plasma la importancia del compromiso de forma individual por todos los profesionales que conforman la institución (directivos, trabajadores profesionales, cuidadores, familiares, personas con discapacidad, etc.) con la finalidad de implantar una serie de criterios y valores para que las personas con discapacidad se consideren en todo momento atendidas, valoradas y acompañadas con la calidad y dignidad que se merecen.

Los principales objetivos del código ético son:

- Identificar los valores principales en los que se basa la organización o institución.
- Desarrollar los principios éticos generales en los que se basa y los cuales reflejan los valores que se quieren trabajar mediante el establecimiento de un conjunto de normas éticas.
- Ayudar a socializar a las personas que empiezan a desarrollar su actividad con las personas con discapacidad.
- Impulsar la calidad de vida de las personas con discapacidad, motivando al profesional que trabaja con ellas.

7. **Relacione los principales valores del código ético con sus respectivos ámbitos de actuación:**

    a. Apoyo mutuo.
    b. Inclusión.
    c. Servicio.
    d. Participación.
    e. Calidad.
    f. Igualdad.
    g. Dignidad y valor de la persona.

    f. g. En base a la persona con discapacidad.
    a. c. d. e. Respecto a las organizaciones.
    f. b. Respecto a la familia.

8. **Defina cuáles son los principales valores éticos de los profesionales que actúan con las personas con discapacidad. Ordénelos según su nivel de importancia.**

Son once los valores éticos profesionales a describir y en el siguiente orden de importancia:

    ▪ **Comunicación.** Todos los profesionales tienen derecho a ser informados, opinar y valorar sobre las decisiones que les puedan afectar, así como conocer el curso de la organización en la que efectúa su trabajo. Dicha información debe ser comunicada de forma traslúcida, veraz y con prudencia.
    ▪ **Solidaridad.** Todas las organizaciones deben ser construidas bajo el apoyo, cooperación, respaldo y trabajo de numerosas personas, por ello, todos los profesionales deben conducir su trabajo hacia una misma finalidad y proyecto, compartiendo todos los logros y problemáticas a las que se enfrenten.
    ▪ **Confidencialidad.** Todos los profesionales deben garantizar la protección, respeto y lealtad hacia la entidad para la que trabajen. En este sentido, la información personal de todas las personas con discapacidad debe tratarse con total privacidad, garantizando y cumpliendo a su vez con la Ley de Protección de Datos y garantía de los derechos digitales.
    ▪ **Equidad.** Todos los trabajadores que desarrollen sus funciones en una organización específica tienen como obligación el garantizar el respeto y el desarrollo de la igualdad de oportunidades, eliminando cualquier tipo de favoritismo o discriminación.

- **Confianza.** Solamente si las personas con discapacidad, sus familiares y organismos públicos confían en una organización, su trabajo a desarrollar y sus profesionales podrán lograr el éxito y ganarse el respeto de las demás personas, garantizando el funcionamiento de sus productos, servicios y organización de forma conjunta. Los profesionales por tanto deben responder a las necesidades planteadas por las demás personas, cumpliendo con las normas y promesas realizadas al comenzar a trabajar, así como alcanzando las metas propuestas tanto por los familiares, personas con discapacidad y directivos de la organización.
- **Honestidad.** La integridad, buena fe, homogeneidad y luminosidad de la forma de actuar y comportarse por los profesionales se debe demostrar en base a la coherencia de los valores propios de cada organización.
- **Humildad.** Los profesionales deben ser conscientes de sus limitaciones y deben reconocerlas pidiendo ayuda a los demás, garantizando con ello el progreso y la mejora del desarrollo de las personas con discapacidad. Todos los trabajadores deben actuar de forma conjunta, mostrando una disposición permanente al diálogo y al aprendizaje.
- **Respeto.** Los trabajadores de una determinada organización deben reconocer la igual dignidad de todos sus miembros, manifestando continuamente un trato digno, respetuoso, amable y confidencial.
- **Compromiso.** Uno de los principales valores de los trabajadores de cada organización es su compromiso y lealtad para colaborar en todos los ámbitos de actuación de dicha organización con el objeto de alcanzar las metas y fines previamente establecidos. Todos los profesionales por tanto, deben esforzarse permanentemente, mejorando sus actuaciones.
- **Profesionalidad.** Todo profesional cualificado debe trabajar constantemente en aumentar sus habilidades, capacidades y conocimientos en base a su trabajo desarrollado, y todo ello se debe plasmar en la mejora de las personas con discapacidad.
- **Responsabilidad.** Se basa en la capacidad que deben desarrollar todos los profesionales con respecto a las personas con discapacidad de reconocer las consecuencias de sus decisiones y actuaciones con estas personas.

9. **Defina las siguientes habilidades: comunicación, complementariedad, coordinación y confianza.**

> ▌ **Habilidades de comunicación:** el trabajo en equipo requiere y exige en determinadas ocasiones una comunicación abierta, en la que todos puedan opinar y valorar determinados comportamientos o actividades, los cuales estén relacionados con el sujeto con discapacidad, para llegar a un acuerdo y consenso con la colaboración de todos. Todos los miembros deben por tanto ser receptivos, responsables, realistas, vulnerables, estar actualizados en todo momento, así como apoyarse mutuamente.

> ▌ **Habilidades de complementariedad:** todos los miembros que conforman el equipo deben tener conocimiento de determinadas áreas de forma individual, ya que al vincular estos conocimientos se induce a la complementariedad y desarrollo con respecto al objetivo perseguido por la persona con discapacidad.

> ▌ **Habilidades de coordinación:** basadas en la actuación por todos los componentes del equipo de forma organizada y metódica con la finalidad de conseguir la meta propuesta por la persona con discapacidad con total éxito.

> ▌ **Habilidades de confianza:** todas las actuaciones de los miembros del equipo deben realizarse desde la perspectiva del compañerismo, generando con ello habilidades de confianza, respeto y coordinación. En este sentido es muy importante la actuación de la persona con discapacidad, ya que debe estar involucrada en todas las habilidades, pero sobre todo en esta, ya que el sujeto tiene que sentirse libre y seguro para poder expresar sus sentimientos y opiniones en todo momento, lo cual le permitirá poder desarrollarse de forma más rápida y correcta.

> ▌ **Habilidades de compromiso:** todas las personas que intervienen en el desarrollo del sujeto con discapacidad deben poseer y demostrar actitudes de compromiso, obligación y responsabilidad en la realización de actuaciones y actividades dirigidas a la consecución de un objetivo previamente establecido por la persona con discapacidad junto con el profesional encargado de su desarrollo.

10. Busque y señale en la sopa de letras las principales actuaciones y comportamientos a desarrollar por todos los miembros que conforman el trabajo en equipo:

N	M	O	V	I	L	T	O	P	V	T	A	C	I	O	N
O	M	R	R	T	R	E	S	P	E	T	O	L	R	T	Ñ
E	P	D	X	Z	V	T	R	Y	E	U	I	O	P	R	U
M	V	E	T	J	Y	U	E	E	S	T	A	S	W	A	N
P	C	N	R	A	U	D	I	L	I	V	A	O	S	N	S
E	O	A	V	T	C	H	J	L	E	M	M	T	Y	S	O
Ñ	N	D	H	T	U	O	E	T	C	V	E	G	J	V	L
O	T	O	E	G	R	N	G	T	I	T	I	M	B	E	I
A	E	R	B	T	R	A	N	Q	U	I	L	I	D	A	D
O	X	S	F	T	E	D	V	D	I	V	A	C	I	O	A
I	B	S	O	S	F	C	G	J	A	C	L	Y	T	O	R
O	I	J	T	L	R	N	E	T	K	D	I	I	Y	L	I
N	L	E	E	H	I	B	X	U	R	G	E	O	Y	I	D
O	B	J	E	T	I	V	O	S	A	H	E	S	N	D	A
Q	W	E	E	R	T	Y	U	H	J	L	S	I	O	A	D
P	A	R	C	O	N	D	U	C	T	A	O	L	I	D	Ñ

11. Señale de los siguientes valores a cumplir por las organizaciones de personas con discapacidad, cuáles de ellos no son verdaderos.

    a. Prestación de ayuda en situaciones de sufrimiento o fragilidad tanto a las personas con discapacidad como a sus familias.

    b. Desvinculación de la persona una vez se hayan cumplido los objetivos previamente establecidos.

c. Apoyo mutuo basado en el principio de acción humanitaria, en el cual se establecen relaciones y lazos especiales tanto por parte de los familiares y personas con discapacidad, como por parte de los profesionales que interactúan con ellos, favoreciendo la construcción de su identidad personal y grupal.

d. **Sostenimiento económico de la persona con discapacidad incluso una vez insertada en el sistema laboral y social.**

e. Participación: es el principal valor de la organización y su eje de desarrollo. Sin participación no se concibe la mejora, la comunicación, la transparencia, el desarrollo, etc.

f. Carencia de ánimo de lucro y transparencia: son valores propios del funcionamiento económico de la organización, así como signos externos de la solidaridad, honestidad y sobriedad con la que actúan las organizaciones.

12. **Una de las principales funciones que todo profesional especializado en personas con discapacidad pretende llegar a conseguir es:**

a. Favorecer su desarrollo profesional y personal en base a su actuación con personas que presentan diferentes discapacidades para poder progresar, aumentar sus conocimientos y dedicarse al estudio e investigación de discapacidades más específicas en un futuro.

b. **Favorecer en todas sus dimensiones la vida de todos los individuos que presenten alguna discapacidad mediante el esfuerzo, el respeto, la motivación e incluso en la permanencia de sus prácticas profesionales.**

c. Favorecer su estudio personal y profesional tanto a nivel individual como grupal con el resto de sus compañeros en base a su desarrollo y actuación con las personas con discapacidad.

d. Todas las opciones anteriores son incorrectas.

13. **¿Por qué son importantes el desarrollo de habilidades de trabajo en equipo para los profesionales encargados de las personas con discapacidad?**

En el caso de las personas con discapacidad es muy importante destacar el trabajo conjunto y en equipo llevado a cabo por los profesionales encargados de su desarrollo, previamente confeccionado y organizado, el cual además deberá contar con el apoyo tanto de las personas con discapacidad, como de los familiares, amigos y compañeros que interactúen con él.

Todos y cada uno de dichos componentes deberán aportar y apoyar al máximo a los sujetos con discapacidad, y trabajar tanto con ellos de forma individualizada, como en grupo o en equipo para llegar a conseguir con éxito el objetivo propuesto por el profesional.

Su importancia es relevante porque un adecuado trabajo en equipo, en el caso de las personas con discapacidad, es fundamental para mejorar su vida en general, así como para alcanzar su meta soñada.

14. **Señale de las siguientes palabras cuáles son actuaciones y comportamientos a desarrollar por todos los miembros que conforman un equipo de trabajo, y cuáles son las habilidades que deben desarrollar.**

- Respeto.
- Tranquilidad.
- Coordinación.
- Complementariedad.
- Solidaridad.
- Confianza.
- Objetivos.
- Compromiso.
- Empeño.
- Comunicación.

Actuaciones y comportamientos	Habilidades
Respeto	Comunicación
Empeño	Complementariedad
Tranquilidad	Coordinación
Objetivos	Confianza
Solidaridad	Compromiso

15. **Encuentre los errores de las siguientes definiciones:**

▌ El trabajo en equipo requiere y exige en determinadas ocasiones una comunicación **unidireccional,** en la que todos los profesionales puedan opinar
y valorar determinados comportamientos o actividades, y las cuales estén
desligadas del sujeto con discapacidad para llegar a un consenso con la
colaboración de todos.

▌ La responsabilidad se basa en las **actividades** que deben desarrollar todos
los profesionales con respecto a las personas con discapacidad de reconocer
las **causas** de sus decisiones y actuaciones con estas personas.

▌ El **último** cometido de las organizaciones consiste en mejorar la calidad de
vida de las personas con discapacidad y la de sus **amigos.** Trabajo realizado
especialmente por los **directivos** que actúan en dichas organizaciones.

Procesos de inclusión de personas con discapacidad en espacios de ocio y tiempo libre

Solucionario Capítulo 1

1. **¿Por qué, a pesar de reconocerse el ocio como derecho en el siglo XX, no se empezó a exigir como tal hasta principios del XXI?**

    a. Porque no había que exigirlo, ya que lo disfrutaba todo el mundo.
    b. **Por la connotación negativa del concepto.**
    c. Porque hasta el siglo XIX no se contempló en la normativa como derecho.
    d. Todas las opciones son incorrectas.

2. **De las siguientes afirmaciones, indique cuál es verdadera o falsa.**

    a. El tiempo libre es tiempo de ocio.

        ☐ Verdadero
        ☑ **Falso**

    b. Todo el tiempo de ocio es tiempo libre.

        ☑ **Verdadero**
        ☐ Falso

    c. Tiempo libre y tiempo de ocio no guardan ninguna relación.

        ☐ Verdadero
        ☑ **Falso**

3. **Complete la siguiente oración.**

    El concepto de ocio es importante: para ocupar el **tiempo libre** pasivo y porque: es fundamental para el desarrollo integral de la **persona**, mejora la **calidad de vida**, beneficia **a la comunidad** y aporta beneficios económicos tanto a **personas** como a **la comunidad**.

4. Busque en la sopa de letras la palabra que completa la siguiente frase: "El ocio es <u>activo</u> mientras que el tiempo libre es pasivo".

C	C	A	C	V	A	O
E	R	T	A	R	V	I
V	P	I	C	T	E	O
L	I	E	T	D	L	I
T	O	V	I	T	C	A
O	L	P	I	T	E	V

5. Relacione los distintos ejemplos de actividades que se exponen con el ámbito del ocio en el que se desarrollan y con el tipo de ocio que se estaría llevando a cabo; siendo:

- Actividad 1: una exposición de pintura realizada por una obra social, a la que acude una persona que padece una enfermedad mental.
- Actividad 2: un campamento para personas con discapacidad intelectual que se realiza en una granja-escuela local gracias a la provisión de apoyos de la asociación que lo organiza, que es específica para personas con discapacidad intelectual.
- Actividad 3: un día turístico de playa al que acuden bastantes personas con discapacidad física, pues ya saben que cada año se realiza en una playa adaptada.
- Actividad 4: Una yincana deportiva organizada por el colegio y a la que acude una madre sorda con una intérprete proporcionada por la asociación de personas sordas de su ciudad.

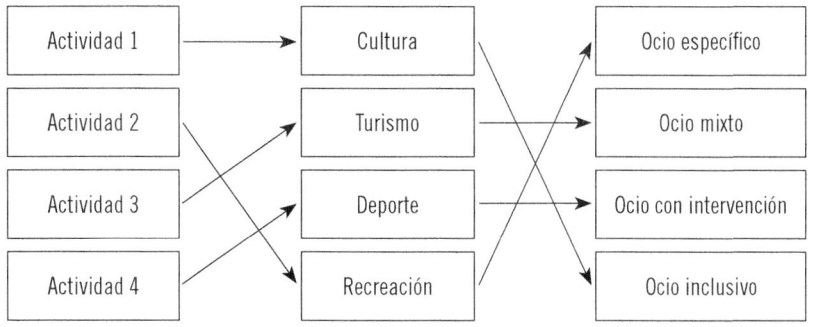

6. **De las siguientes frases sobre los apoyos, indique las correctas.**

    a. **Deben estar centrados en la persona.**
       Deben estar centrados en la comunidad.
    b. **Proporcionan respuestas diferentes a cada persona.**
       Proporcionan respuestas similares a cada persona.
    c. Garantizan el disfrute.
       Garantizan tanto el disfrute como la calidad de vida.
    d. Se orientan a que la persona practique solo ocio individual.
       Se orientan a que la persona practique ocio en la comunidad.

7. **Escoja la opción correcta.**

    a. Los intereses de la persona con discapacidad siempre están en consonancia con sus necesidades.
    b. **Las necesidades de la persona con discapacidad pueden influir en sus motivaciones.**
    c. No es aconsejable aunar intereses con motivaciones.
    d. Todas las opciones son incorrectas.

8. **Atendiendo a la clasificación de discapacidades, es posible decir que:**

    a. Aquella persona que padece cofosis tiene una discapacidad de tipo **sensorial.**
    b. El individuo que manifiesta una enfermedad mental pertenece al grupo de las personas con discapacidad de tipo **psíquico.**
    c. Una persona parapléjica es una persona con una discapacidad **física.**

9. Identifique para qué se evalúan los siguientes aspectos o condiciones.

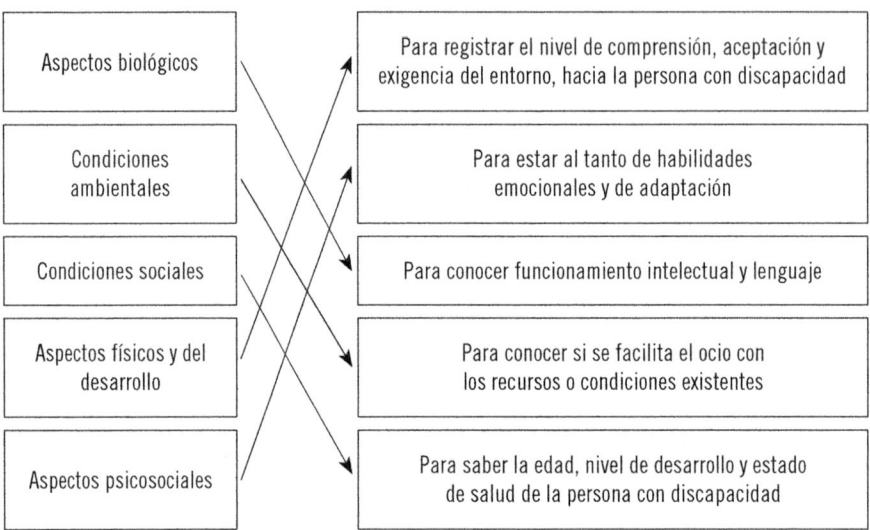

10. En una entrevista realizada a una persona con discapacidad, se obtienen diversos datos. Relaciónelos con los distintos aspectos de la persona a los que se refieren:

    a. La edad es un aspecto **físico y del desarrollo** de la persona.

    b. Un trastorno del lenguaje y habla es un aspecto **biológico** del individuo.

    c. Las experiencias previas de la persona, recaen en los aspectos **psicológicos y sociales** de la misma.

11. ¿Qué son los problemas sistémicos? Mencione un ejemplo.

Son problemas que afectan a la globalidad de la población y no solo a un sujeto individual, como por ejemplo la actual crisis en que se halla inmersa España.

12. **Obtenidos datos del entorno en el que la persona con discapacidad se desenvuelve, especifique a qué condiciones del mismo hacen referencia:**

　　a. La persona con discapacidad no tiene trabajo, vive sola en un piso de alquiler y no recibe ninguna prestación ni ayuda, por lo que no se plantea actividades ociosas debido a las condiciones **ambientales**.

　　b. La persona con discapacidad está pasando por un duro momento emocional, pues ha cambiado de ciudad y en esta no conoce a nadie, ni tiene habilidad para hacerlo, por lo que decide informarse del ocio existente que mejore sus condiciones **sociales**.

13. **¿Qué medidas de inclusión física, comunicativa y social requieren en general las personas que tienen una discapacidad auditiva?**

Las personas con discapacidad auditiva precisan fundamentalmente de medidas de inclusión comunicativa: señalización visual, con información acorde a sus necesidades; recursos técnicos si precisan soportes auditivos para el aprendizaje de la lengua oral; y/o recursos humanos si lo que requieren son soportes visuales para la comunicación en Lengua de Signos. Aunque en algunos casos también pueden requerir medidas de inclusión social para favorecer su relación con el entorno.

14. **Complete la siguiente definición.**

Los **profesionales del ocio** son conocedores de la diversidad que, a través de la experiencia con personas con discapacidad, la escucha activa y la paciencia, pueden llegar a conocer las necesidades de cada individuo y la forma de abordarlas.

15. **Señale la respuesta correcta en cuanto al grado de intensidad de los apoyos.**

　　a. Puede ser intermitente, permanente o mixto.
　　b. **Puede ser intermitente, limitado, extenso o generalizado.**
　　c. Puede ser de permanencia variable o concreta.
　　d. Todas las opciones son incorrectas.

Solucionario Capítulo 2

1. **Relacione los distintos objetivos alcanzados con las diferentes actuaciones que se han llevado a cabo, con el tipo o nivel de planificación requerido, siendo:**

   ▪ Objetivo y actuaciones 1: creación de una escuela de familias de personas con discapacidad a través de unas jornadas formativas que culminaron en convivencia.
   ▪ Objetivo y actuaciones 2: fomento de la creación de grupos de ocio entre personas con y sin discapacidad, a través de varias acciones realizadas en diversas ciudades.
   ▪ Objetivo y actuaciones 3: disfrute de un día de campo con los amigos de la asociación, gracias a la contratación de un autobús.
   ▪ Objetivo y actuaciones 4: desarrollo de la autoestima en personas con discapacidad que habitan en la zona sur de Murcia, a través de la formación y práctica en dispares disciplinas deportivas.

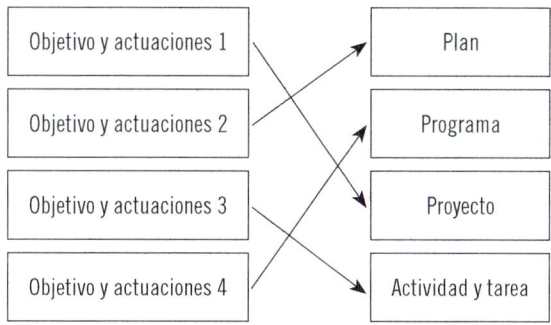

2. **Atendiendo a los conceptos de programación y organización, señale la respuesta correcta.**

   a. La programación se diseña antes que la organización.
   b. La organización se establece previamente a la programación.
   c. **La organización y la programación se planifican conjuntamente.**
   d. Todas las opciones son incorrectas.

3. De las siguientes afirmaciones, indique cuál es verdadera o falsa.

a. El título de un proyecto revela el fin del mismo.

☑ **Verdadero**
☐ Falso

b. En la descripción de un proyecto, se indica cuánto capital se necesita para llevarlo a cabo.

☐ Verdadero
☑ **Falso**

c. Con la descripción de un proyecto se sabe si este pertenece a un programa y/o plan.

☑ **Verdadero**
☐ Falso

4. Complete la siguiente oración.

Fundamentar un proyecto es cuestionarse **¿por qué se debe hacer?**, lo que conlleva definir claramente los **conceptos** básicos implicados en la temática del proyecto, describir la realidad **sociocultural** en la que va a desarrollarse, destacar las **causas** que han dado origen a la **problemática social** que se puede abordar y modificar con el proyecto, detallar los **recursos** con los que se cuenta y las **limitaciones** existentes a atender.

5. Según los procesos de fundamentación y justificación, señale la respuesta correcta.

a. **La fundamentación establece las bases para la justificación.**
b. La justificación se realiza antes que la fundamentación.
c. La fundamentación y la justificación son dos procesos inconexos.
d. Todas las opciones son incorrectas.

6. Busque en la sopa de letras la palabra que completa la siguiente frase: Las razones objetivas de por qué un proyecto es la solución más viable para afrontar y cambiar una problemática social identificada, analizada y valorada en gravedad se indican en la justificación.

C	C	A	C	J	J	C	N	I	O	V	A	J
S	J	T	J	F	U	A	O	C	A	T	I	U
I	U	U	U	I	S	C	I	F	O	I	I	S
J	U	S	C	O	T	N	C	N	C	A	N	T
E	R	T	A	N	O	T	A	C	T	R	V	I
V	P	I	C	F	I	O	C	J	C	T	E	F
I	T	O	F	I	N	T	I	T	I	F	I	D
I	F	N	J	U	S	F	F	C	O	N	O	O
L	I	E	T	F	C	T	I	A	N	D	L	I
T	O	V	I	J	A	J	T	U	C	T	C	C
J	F	I	C	A	O	N	S	N	A	O	N	F
O	L	P	I	T	S	U	U	S	I	T	E	A
S	J	U	S	A	A	C	J	J	U	S	O	N

7. Complete la siguiente afirmación: La realización de un proyecto beneficiará de forma inmediata a los destinatarios directos y, por impacto, a los destinatarios indirectos.

8. ¿Cómo se enumeran las metas coherentes, participativas, realizables, transforma-doras y evaluables que se pretenden alcanzar con el proyecto?

Diferenciando entre objetivo/s general/es y objetivos específicos.

9. **De las siguientes frases sobre la metodología, actividades y tareas, y temporalización, indique cuál es la correcta.**

    a. **Debe tener en cuenta las aportaciones como grupo de todos los actores implicados en el proyecto.**
       Deben atender solo a las directrices marcadas por el profesional encargado de realizar la actividad.

    b. **Se tiene en cuenta durante todo el proceso de diseño, ejecución y evaluación del proyecto.**
       Se tiene en cuenta en la ejecución del proyecto.

    c. Todas las actividades se pueden planificar.
       Hay actividades que no se pueden planificar.

    d. Hay actividades que no se pueden calendarizar, por lo que no es necesario incluir la temporalización de las mismas en el diseño del proyecto.
       Se tiene que incluir la temporalización de las actividades en el diseño del proyecto.

10. **Escoja la respuesta correcta.**

    a. Hay proyectos en los que la estructura organizativa y de gestión encargada del proyecto se incluye en la metodología.

    b. Diseñar la estructura organizativa y de gestión encargada del desarrollo del proyecto, conlleva enmarcar el proyecto dentro de la organización, indicar la forma de proceder para llevarlo a cabo, designar los responsables de la planificación, ejecución y evaluación del proyecto, señalando sus funciones; especificar las coordinaciones internas y externas, y ordenar y sincronizar en tiempo y espacio las actividades y tareas de ejecución con las de planificación y evaluación.

    c. **Justificar un proyecto es la fase en la que se puede dar rienda suelta la creatividad, puesto que se trata de dar las razones subjetivas de por qué se decide realizarlo.**

    d. Todas las opciones son incorrectas.

11. **Una clasificación completa para determinar los recursos necesarios en el diseño de un proyecto contempla:**

    a. **Recursos humanos, recursos didácticos, recursos materiales, infraestructura y recursos económicos o financieros.**

    b. Recursos humanos, material fungible, gastos de funcionamiento y recursos económicos o financieros.

    c. Recursos humanos y recursos materiales.

    d. Todas las opciones son incorrectas.

12. El presupuesto de un proyecto se elabora incluyendo tres conjuntos de datos. Especifique cuáles.

- Lista de recursos elaborada.
- Gastos de funcionamiento (transporte, seguro de los participantes, electricidad, etc.).
- Imprevistos (suele ser un 5 % del total).

13. Complete la siguiente frase.

A través **del análisis de la realidad,** se determinan necesidades y se establecen prioridades.

14. De las siguientes afirmaciones, indique cuál es verdadera o falsa.

    a. Existen itinerarios de autonomía personal más dirigidos y otros más autónomos.

        ☑ **Verdadero**

        ☐ Falso

    b. El itinerario de autonomía personal se organiza de forma conjunta entre un equipo interdisciplinar y la persona con discapacidad.

        ☑ **Verdadero**

        ☐ Falso

    c. El profesional encargado de respaldar a la persona con discapacidad en el desarrollo y seguimiento de su plan solo garantizará la correcta ejecución del mismo.

        ☐ Verdadero

        ☑ **Falso**

15. Señale la respuesta correcta referente a la evaluación.

    a. La evaluación se concreta en una acción puntual.

    b. Para que una actividad dirigida al ocio y tiempo libre de personas con discapacidad sea considerada de calidad, debe, entre otros, producir satisfacción.

    c. Al realizarse la evaluación, no se contempla la recogida de opiniones.

    d. Todas las opciones son incorrectas.

Solucionario Capítulo 3

1. ¿Cómo definiría a los profesionales del ocio?

Tanto personas que laboralmente ejerzan esta labor como aquellos voluntarios y familiares comprometidos con la misma; pues, conocedores de la diversidad a través de la experiencia con personas con discapacidad, la escucha activa y la paciencia, pueden llegar a conocer las necesidades de cada individuo y la forma de abordarlas.

2. Antes de intervenir para facilitar la participación en actividades de ocio y tiempo libre de la persona con discapacidad, ¿quién es responsable del ocio que desarrolle?

La familia o los tutores legales del menor.

3. Complete la siguiente frase.

Es importante que el ocio de una persona se enriquezca con **diferentes personas y en diversos contextos.**

4. De las siguientes afirmaciones, indique cuál es verdadera o falsa.

a. Las actividades extraescolares se pueden realizar tanto en contextos específicos como en entornos inclusivos.

☑ **Verdadero**
☐ Falso

b. No es necesario ni importante que el niño o la niña con discapacidad participe en las distintas actividades que se realicen en su entorno y menos si no son inclusivas.

☐ Verdadero
☑ **Falso**

c. En las actividades del entorno puede comenzar a gestarse el que será el grupo de amigos y compañeros de la persona con discapacidad.

☑ **Verdadero**
☐ Falso

5. **Identifique las 4 etapas del desarrollo que pueden pasar las personas con discapacidad.**

I Infancia, hasta los 12 años de edad.
I Adolescencia, entre los 12 y 18 años y personas con discapacidad con un nivel de dependencia tal que pasada la adolescencia no consigan tener ideas e iniciativas propias.
I Adultez, entre los 18 y 60 años, siempre y cuando se sea capaz de poseer ideas e iniciativas propias.
I Ancianidad, a partir de los 60 años o a partir de los 40 años en las personas que por razón de su discapacidad presenten un envejecimiento prematuro.

6. **Busque en la sopa de letras la palabra que dé respuesta a la siguiente pregunta: ¿Qué fenómeno suele ocurrir sobre los 12 años de edad que trae consigo cambios importantes para la persona?**

C	C	A	C	B	P	R	A	O
P	U	B	E	R	T	A	D	R
B	E	R	T	B	R	A	U	P
P	U	A	P	E	D	P	E	R
E	R	T	A	R	B	D	B	E
B	P	U	C	T	R	D	E	U
L	I	E	T	D	A	P	L	E
T	U	B	E	T	B	R	C	A
U	L	P	E	T	T	P	E	B

7. **Complete la siguiente frase.**

Ser adulto conlleva, entre otros aspectos, tener **ideas e iniciativas propias**.

8. **Responda: ¿A partir de qué edad se puede hacer notar el envejecimiento prematuro en una persona con discapacidad?**

A partir de los 40 años.

9. **Utilizar el transporte público conllevará que se desarrollen...**

    a. ... la educación emocional y el comportamiento social.
    b. ... la comunicación asertiva verbal y no verbal.
    c. ... la autoestima.
    d. ... la toma de decisiones.
    e. ... las habilidades organizativas.

10. **Llevar a cabo una actividad en la que se provoque que la persona con discapacidad tenga que comunicarse ayudará a desarrollar...**

    a. ... la educación emocional y el comportamiento social.
    b. ... la comunicación asertiva verbal y no verbal.
    c. ... la autoestima.
    d. ... la toma de decisiones.
    e. ... las habilidades organizativas.

11. **Reconocer primariamente el esfuerzo, interés y atención que ha mostrado una persona con discapacidad ante una tarea, antes que los resultados, fomentará...**

    a. ... la educación emocional y el comportamiento social.
    b. ... la comunicación asertiva verbal y no verbal.
    c. ... la autoestima.
    d. ... la toma de decisiones.
    e. ... las habilidades organizativas.

12. **Realizar actividades donde se atienda a que la persona con discapacidad mantenga relaciones afectivas con los demás conllevará que se trabaje...**

    a. **... la educación emocional y el comportamiento social.**
    b. ... la comunicación asertiva verbal y no verbal.
    c. ... la autoestima.
    d. ... la toma de decisiones.
    e. ... las habilidades organizativas.

13. **Presentarle a la persona con discapacidad diferentes situaciones sin final expreso aunque sí evidente, para que describa cómo terminarán y exponga cómo le gustaría que lo hicieran, le ayudará a que desarrolle...**

    a. ... la educación emocional y el comportamiento social.
    b. ... la comunicación asertiva verbal y no verbal.
    c. ... la autoestima.
    d. **... la toma de decisiones.**
    e. ... las habilidades organizativas.

14. **Tache la palabra incorrecta en la siguiente frase.**

La evaluación de los aprendizajes y objetivos alcanzados se realizará **separadamente**/ conjuntamente entre el profesional que haya planificado y llevado a cabo la intervención y la propia persona con discapacidad sobre la que se haya intervenido (si tiene un nivel de dependencia tal que no consiga tener ideas ni iniciativa propias, colaborarán la familia o los tutores legales).

15. **De las siguientes frases sobre la evaluación, indique cuál es la correcta.**

    a. No se tiene que valorar si han quedado cubiertas o no las necesidades que presente una persona con discapacidad en el área de autonomía personal en actividades ociosas, pues estas no varían.
    b. No se requieren apoyos para favorecer la autonomía de una persona con discapacidad en el ocio; con un programa de entrenamiento y desarrollo de aprendizajes funcionales es suficiente.

c. Para evaluar la intervención, se fijarán como aspectos a evaluar las estrategias a trabajar por la etapa del desarrollo y/o la edad en la que se encuentre la persona con discapacidad, y, como indicadores, los aprendizajes o acciones funcionales trabajadas con la persona con discapacidad en el programa de entrenamiento y desarrollo de aprendizajes funcionales.

d. Para evaluar la intervención, se fijarán como aspectos a evaluar los aprendizajes o acciones funcionales trabajadas con la persona con discapacidad en el programa de entrenamiento y desarrollo de aprendizajes funcionales, y, como indicadores, las estrategias a trabajar por la etapa del desarrollo y/o la edad en la que se encuentre la persona con discapacidad.

Solucionario Capítulo 4

1. **Atendiendo a las ofertas de ocio que existen (comunitarias y específicas para personas con discapacidad), ¿qué recursos se pueden encontrar y desde dónde se ofertan?**

   a. Recursos de ocio mixto y de ocio específico, ofertados desde entidades públicas, privadas y asociaciones sin ánimo de lucro.
   b. Recursos comunitarios y recursos específicos, ofertados desde entidades públicas y asociaciones sin ánimo de lucro
   c. Recursos normalizados y recursos específicos, ofertados desde entidades públicas, privadas y asociaciones sin ánimo de lucro.
   d. Todas las opciones son incorrectas.

2. **De las siguientes afirmaciones, indique cuál es verdadera o falsa.**

   a. Desde los programas de respiro familiar se ofrecen, llevan a cabo y evalúan actividades ociosas.

   ☐ Verdadero
   ☑ **Falso**

   b. Desde el servicio de ocio de las asociaciones de atención específica a personas con discapacidad solo se realizan actividades ociosas programadas, pues no tienen competencia para favorecer que la persona con discapacidad pueda realizar actividades no programadas.

   ☐ Verdadero
   ☑ **Falso**

   c. Las federaciones de deporte adaptado no informan sobre las actividades que en ellas se realizan. Para ello se tiene que consultar a las asociaciones de atención específica a personas con discapacidad.

   ☐ Verdadero
   ☑ **Falso**

3. **Complete las siguientes afirmaciones.**

a. **Facilitadores** son todos aquellos factores ambientales en el entorno de una persona con discapacidad que, por su **ausencia** o **presencia,** mejoran el funcionamiento y rendimiento de la persona en la actividad que realice, y **reducen** la discapacidad o limitaciones que tenga, por lo que **posibilitan** la participación.

b. Se definen como **barreras** todos aquellos factores en el entorno de una persona con discapacidad que, cuando están **presentes o ausentes,** limitan el funcionamiento y rendimiento de la persona en la actividad que realice y **generan** discapacidad, con lo que **coartan** la participación.

4. **Relacione los distintos conceptos.**

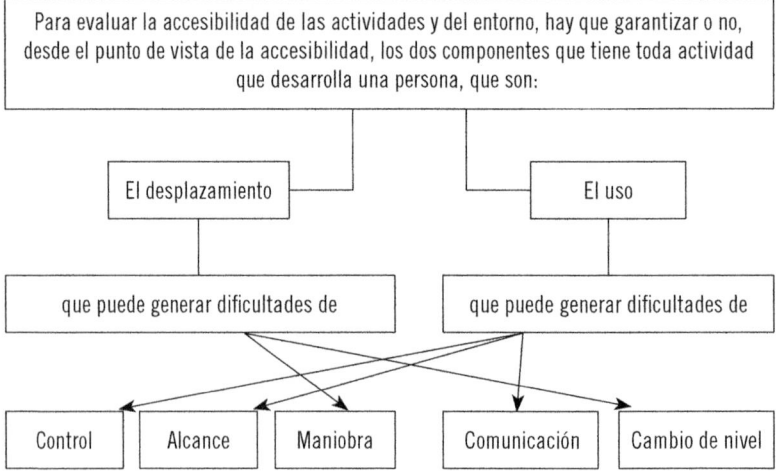

5. **Complete las frases atendiendo a la siguiente afirmación: una actividad ociosa o un entorno se definiría como:**

a. **Practicable (o básico),** si, aunque no se ajuste a todos los requisitos funcionales y dimensionales, no impide su uso de forma autónoma y segura por parte de todas las personas con discapacidad.

b. **Adaptado (o adecuado),** si se ajusta a los requerimientos funcionales y dimensionales que garantizan su utilización autónoma, cómoda y segura por parte de todas las personas con discapacidad.

   c. **Convertible,** si, mediante modificaciones de escasa entidad y bajo coste
   que no afectan a su configuración esencial, puede transformarse, al menos,
   en practicable para las personas con discapacidad.

6. **De las siguientes frases sobre los criterios que tienen que cumplir los recursos en
   el entorno comunitario de la persona con discapacidad para su selección, indique
   cuáles son correctas.**

   a. **Serán acordes a las características y necesidades de la persona con
   discapacidad.**
   b. Serán acordes a las características y necesidades de la comunidad.
   c. **Favorecerán el desarrollo de las capacidades de las distintas áreas de
   desarrollo.**
   d. Favorecerán el desarrollo de las capacidades de solo el área de autonomía
   personal para el ocio.
   e. Facilitarán el acceso de la persona con discapacidad solo si no se requieren
   apoyos.
   **Facilitarán el acceso de la persona con discapacidad aunque se requieran
   apoyos.**
   f. **Es necesario que se facilite el acceso desde todos los elementos que
   intervienen en el desarrollo de la actividad.**
   No es necesario que se facilite el acceso desde todos los elementos que
   intervienen en el desarrollo de la actividad.

7. **Relacione cada recurso necesario para el desarrollo de la actividad ociosa con un
   ejemplo del mismo.**

   a. Recursos humanos.
   b. Recursos didácticos.
   c. Recursos materiales.
   d. Infraestructura.
   e. Recursos económicos o financieros.

   e. Fondos de la persona con discapacidad.
   d. Bibliotecas.
   a. Intérpretes de lengua de signos.
   c. Implante coclear.
   b. Adaptación de normas en juegos.

8. Busque en la sopa de letras la palabra que completa la siguiente frase: para que la igualdad de oportunidades sea una realidad en el ocio, hay que superar una serie de barreras: personales, _____ y sociales.

F	E	A	R	A	E	E	A	F	L
I	A	R	A	R	M	A	R	I	I
E	R	M	F	L	R	R	E	F	A
R	I	E	I	M	A	F	L	I	F
R	F	R	I	L	I	L	I	A	M
I	E	R	I	M	I	R	E	M	L
A	R	R	F	T	F	A	A	A	F
F	A	M	I	L	I	R	R	S	F
S	E	R	I	M	F	E	S	E	R
F	R	I	R	L	M	I	L	S	S

9. Confeccione una lista sobre qué pasos se deberían seguir para estimular la participación comunitaria en la toma de las decisiones que afectan a su propio desarrollo.

   ∎ Sensibilización y concienciación de las autoridades y miembros de la comunidad.
   ∎ Elaboración de un plan de acción comunitaria.
   ∎ Implementación y seguimiento.
   ∎ Valoración, evaluación y formulación de una nueva intervención, si fuera necesaria.

10. ¿En qué dos ámbitos se tiene que intervenir para sensibilizar y concienciar a la ciudadanía en general sobre los problemas que se encuentran las personas con discapacidad para participar en actividades de ocio de su comunidad?

   En el ámbito familiar y en el ámbito comunitario y social.

11. **Desde la familia, se pueden dar diferentes actitudes hacia las personas con discapacidad, ¿qué actitudes la orientarán hacia la autorrealización personal y no hacia la dependencia?**

    a. Aceptación, permisividad y autonomía.
    b. Aceptación, autoridad y sobreprotección.
    c. Aceptación, autoridad y autonomía.
    d. Todas las opciones son incorrectas.

12. **Complete la siguiente frase.**

La sensibilización en la comunidad, realizada por un profesional imparcial que actúe como mediador, puede ser: **preventiva** y **transformadora**.

13. **¿Cuáles son las 4 estrategias que promoverían la participación comunitaria de las personas con discapacidad en actividades de ocio y tiempo libre?**

Las 4 estrategias que promoverían la participación comunitaria de las personas con discapacidad en actividades de ocio y tiempo libre son:

1. Planificar actividades que sean comprensibles, utilizables y practicables por todas las personas, en condiciones de seguridad y comodidad, y de la forma más autónoma y natural posible.
2. Mejorar la accesibilidad de la persona con discapacidad en los espacios de ocio.
3. Favorecer una adecuada comunicación e información.
4. Propiciar la atención personalizada.

14. **Reflexione y responda cómo podría una persona con discapacidad visual orientarse por los pasillos de un hotel en el que está hospedándose.**

Una persona con discapacidad visual podría orientarse por los pasillos de un hotel, si en estos:

    ▪ Se utilizan pasamanos que incluyan información sobre el lugar donde se encuentran, en braille, en su cara interna y de forma invertida.
    ▪ Se instalan carteles informativos que se repitan con frecuencia a lo largo del itinerario, para confirmar situación y dirección.

15. Existen diversos canales para transmitir la información. Señale la respuesta correcta al respecto.

    a. **Audiodescripción, subtítulos, braille, lengua de signos y lectura fácil.**
    b. Comunicación verbal y comunicación no verbal.
    c. Sistema escrito, braille y lengua de signos.
    d. Todas las opciones son incorrectas.

Solucionario Capítulo 5

1. **¿Cuándo se reconoció a las personas con discapacidad como miembros de la sociedad con similares necesidades y derechos que cualquier ciudadano?**

   a. En 1948 con la Declaración Universal de los Derechos Humanos.
   b. **En 1970, tras la Clasificación Internacional de Deficiencias, Discapacidades y Minusvalías.**
   c. En 2011, en la Asamblea General del Foro Europeo de la Discapacidad.
   d. Todas las opciones son incorrectas.

2. **Indique algunos motivos por los que sigue habiendo personas con discapacidad a las que se les reprime el derecho al ejercicio de su propia sexualidad.**

   Por desconocimiento, por prejuicios sociales hacia las personas con discapacidad, por entornos familiares sobreprotectores o por otros motivos.

3. **De las siguientes afirmaciones, indique cuál es verdadera o falsa.**

   a. Las relaciones interpersonales son interacciones recíprocas.

   ☑ **Verdadero**
   ☐ Falso

   b. La afectividad es la capacidad de reacción de una persona ante estímulos provenientes solo del medio externo.

   ☐ Verdadero
   ☑ **Falso**

   c. La sexualidad está influida por factores culturales y sociales, pero no biológicos.

   ☐ Verdadero
   ☑ **Falso**

4. Busque en la sopa de letras la palabra que completa la siguiente frase: En toda persona se pueden distinguir 3 realidades interrelacionadas: sexuación, sexualidad y <u>erótica</u>".

C	E	A	C	A	E	E	A	O
E	R	R	A	R	O	A	R	I
E	R	I	O	T	C	R	E	O
T	I	E	R	T	A	O	T	I
T	O	R	I	T	I	T	I	A
O	E	R	I	T	C	C	E	C
A	R	C	O	T	O	C	A	A

5. Señale la respuesta correcta en cuanto a qué funciones desarrolla la sexualidad.

    a. Función social, recreativa y sexual.
    b. Función relacional, recreativa y reproductiva.
    c. Función cultural, recreativa y deportiva.
    d. Todas las opciones son incorrectas.

6. Complete la siguiente frase.

La única diferencia en el área afectiva y sexual entre las personas con discapacidad y la ciudadanía en general es la dificultad de las primeras **para aprender** a tener relaciones saludables y adecuadas, afectivas y sexuales, debido a que presenten:

    ∎ Deficiente socialización sexual.
    ∎ Restringido acceso al universo de lo íntimo.
    ∎ Una discapacidad sobrevenida.

7. **De las siguientes frases sobre las necesidades específicas que las personas con discapacidad presentan en el área afectiva y sexual, indique cuál es la correcta.**

    a. Tienen información desde pequeños, pero carecen de formación a la que acceder sobre estos temas.
    Carecen tanto de información como de formación adecuada en esta área.

    b. Presentan limitaciones para organizarse porque no se les protege, ni cuida, ni apoya.
    Presentan limitaciones para organizarse por estar protegidos, cuidados y apoyados en exceso.

    c. **Se les dificulta el tener acceso a lugares íntimos y tiempos privados.**
    Se les facilita el tener acceso a lugares íntimos y tiempos privados, salvo en el caso de personas con grandes necesidades de apoyo.

    d. **Son más vulnerables ante los abusos y el acoso porque tienen problemas para discriminar esas actitudes.**
    Son más vulnerables ante los abusos y el acoso porque llevan a cabo prácticas sexuales no seguras.

8. **Seleccione la respuesta correcta sobre los apoyos.**

    a. **Un apoyo que se puede prestar en el área afectivo-sexual es informar, asesorar y formar tanto a la persona con discapacidad como a su entorno, sobre el derecho a la afectividad y a la sexualidad y las consecuencias de reprimir sus funciones.**

    b. Los programas de educación afectivo-sexual son un apoyo que puede ofrecerse a cualquier persona con discapacidad, sin necesidad de adaptarlos.

    c. La asistencia sexual es uno de los apoyos más solicitados y prestados en España desde las asociaciones de atención específica a personas con discapacidad.

9. **¿Cuáles son las situaciones en las que se pueden encontrar las personas con discapacidad participantes en actividades ociosas?**

    ▪ Personas capaces de decidir legalmente por sí mismas y que quieren disfrutar de su sexualidad.

▪ Personas que no pueden decidir legalmente por sí mismas, pero sí quieren disfrutar de su sexualidad.

▪ Personas que no pueden decidir legalmente por sí mismas y no muestran conductas sexuales.

10. De las siguientes afirmaciones sobre los programas de educación afectiva y sexual, indique cuál es verdadera o falsa.

a. Es necesario establecer normas sociales que la persona con discapacidad integre como normales en su vida diaria.

☑ **Verdadero**
☐ Falso

b. Es importante que las personas con discapacidad conozcan las partes íntimas, aunque no siempre es conveniente que sepan la función de estas.

☐ Verdadero
☑ **Falso**

c. Se deben mostrar las diferentes formas de relación afectiva y sexual que pueden existir, siempre que sean relaciones heterosexuales.

☐ Verdadero
☑ **Falso**

d. Se tiene que evitar tratar temas de abuso o acoso sexual, para no asustar a las personas con discapacidad.

☐ Verdadero
☑ **Falso**

11. Defina el concepto de riesgo.

Riesgo se define como la probabilidad de que se produzca un hecho con consecuencias negativas (daños), debido a factores amenazantes y/o por causas de vulnerabilidad.

12. Indique los principales riesgos que pueden darse en las relaciones consentidas y aquellos a los que están expuestas las personas con discapacidad en el área afectiva y sexual.

Si son relaciones consentidas, los principales riesgos que pueden producirse son:

- Embarazos no deseados.
- Enfermedades de transmisión sexual.

Mientras que los riesgos a los que están expuestas las personas con discapacidad en el área afectiva y sexual son:

- El abuso sexual.
- El acoso sexual.

13. Tache las palabras incorrectas en la siguiente afirmación:

Una persona con discapacidad incapacitada legalmente lo **estará siempre**/podría no estarlo en todas las áreas de desarrollo, pues un principio general de la incapacitación es que **siempre**/solo debe sustituirse a la persona en aquellos actos y decisiones para los que no tenga capacidad, y la capacidad para consentir tener relaciones sexuales **siempre es una limitación**/podría no ser una limitación de la persona con discapacidad.

14. Complete la siguiente frase.

Educar en la afectividad y sexualidad **adecuada** y saludable desde la **infancia** (para que se convierta en algo natural), secuenciándose los contenidos de trabajo según **cada persona** y su **desarrollo evolutivo**.

15. ¿Cuáles podrían ser las consecuencias de que no hubiese por parte de la familia o el tutor legal de la persona con discapacidad una visión y participación clara y comprometida en temas afectivos y sexuales?

Podrían darse conductas desajustadas o problemáticas que podrían constituir una importante fuente de frustración para el sujeto.

Solucionario 4

Entrenamiento en estrategias cognitivas básicas y alfabetización tecnológica a personas con discapacidad

Solucionario Capítulo 1

1. **De las siguientes frases, indique cuáles son verdaderas o falsas:**

   a. La terapia ocupacional es uno de los servicios disponibles para fomentar la autonomía.

      ☑ **Verdadero**
      ☐ Falso

   b. Para prevenir o diagnosticar lo antes posible alguna dificultad se utiliza la atención temprana.

      ☑ **Verdadero**
      ☐ Falso

   c. La autonomía personal no está relacionada con el estado de bienestar.

      ☐ Verdadero
      ☑ **Falso**

   d. El CEAPAT es el Centro de Referencia Estatal de Autonomía Personal y Ayudas Técnicas.

      ☑ **Verdadero**
      ☐ Falso

2. **Complete la siguiente oración.**

   La accesibilidad universal es la condición que deben cumplir los entornos, **procesos,** bienes, productos y **servicios,** así como los objetos o instrumentos, herramientas y dispositivos, para ser **comprensibles,** utilizables y practicables por todas las personas en condiciones de seguridad y **comodidad** y de la forma más **autónoma** y natural posible.

3. Enumere los tipos de dependencia.

- Económica.
- Física.
- Social.
- Mental o cognitiva.

4. Relacione los siguientes elementos.

a. Significatividad lógica.
b. Significatividad psicológica.
c. Significatividad funcional.

b. Hay aprendizajes que son significativos de forma general por las características psicológicas.
c. Esta hace referencia a querer aprender, a la motivación del alumnado.
a. Aprendizajes potencialmente significativos.

5. ¿Qué es la motivación para Ausubel?

La motivación es tanto un efecto como una causa del aprendizaje. Así pues, no hay que esperar que la motivación se desarrolle antes de empeñar a un estudiante en las actividades de aprendizaje.

6. Ordene las fases para la coordinación con el equipo interdisciplinar:

3. Ejecución.
4. Evaluación.
2. Negociación.
1. Preparación.

7. Enumere las cinco "C" del trabajo en equipo.

- Complementariedad.
- Coordinación.
- Comunicación.
- Confianza.
- Compromiso.

8. ¿Cuáles son los instrumentos de trabajo del enriquecimiento instrumental?

- Organización de puntos.
- Orientación espacial I.
- Comparaciones.
- Clasificación.
- Percepción analítica.
- Orientación espacial II.
- Ilustraciones.
- Progresiones numéricas.
- Relaciones familiares.
- Instrucciones.
- Relaciones temporales.
- Relaciones transitivas.
- Silogismos.
- Diseño de parámetros.
- Orientación espacial III.

9. Complete la siguiente definición:

El efecto Pigmalión hace referencia a que hay una relación **directa** entre lo que se piensa
que una persona puede hacer y lo que hace en **realidad**. Las **expectativas** que se tiene
sobre ella van a favorecer su desarrollo.

10. De las siguientes frases indique cuáles son verdaderas o falsas:

a. El diseño de actividades de mantenimiento y mejora debe partir de una
evaluación previa.

☑ **Verdadero**
☐ Falso

b. Buscar elementos en una lámina puede ser una forma de estimular la visión.

☑ **Verdadero**
☐ Falso

c. La realización de puzles puede ser una forma de estimular el lenguaje.

☐ Verdadero
☑ **Falso**

11. ¿Cuál de estos objetivos no se persigue con la alfabetización tecnológica?

a. Aprender a utilizar las tecnologías.
b. **Tener aparatos tecnológicos en casa.**
c. Tener una visión crítica de las tecnologías.
d. Diversificar las formas de participación social.

12. Relacione:

a. Según el momento.
b. Según el evaluador.

b. Interna o externa.
a. Evaluación inicial, continua y final.

13. Enumere las preguntas a las que se debe responder en la evaluación.

▪ Para qué evaluar.
▪ Qué evaluar.
▪ Cómo evaluar.
▪ Cuándo evaluar.
▪ Quiénes deben evaluar.

14. ¿Cuáles son las áreas en las que se pueden clasificar los indicadores de autonomía?

▪ Funciones cognitivas.
▪ Alimentación.
▪ Control corporal.
▪ Salud.
▪ Interés y motivación.
▪ Control de la conducta.
▪ Movilidad.

■ Actividades de la vida doméstica.
■ Actividades de la vida diaria.

15. Enumere las características que Santiago Castillo establece para cualquier procedimiento de evaluación.

■ Deben utilizarse técnicas e instrumentos variados.
■ Estos deben ofrecer la información que se busca.
■ Además se deben utilizar distintos códigos.
■ También deben poder utilizarse en distintas situaciones escolares.
■ Que soporten distintos tipos de evaluación.
■ Que permitan saber si los aprendizajes son transferidos de una situación
a otra.

 Solucionario Capítulo 2

1. **De las siguientes frases, indique cuáles son verdaderas o falsas:**

   a. El término "diseño para todos" fue acuñado por el arquitecto estadounidense Ronald L. Mace.

      ☑ **Verdadero**
      ☐ Falso

   b. El razonamiento y el pensamiento no son aspectos que estén relacionados.

      ☐ Verdadero
      ☑ **Falso**

   c. La capacidad de análisis es necesaria para alcanzar un pensamiento crítico.

      ☑ **Verdadero**
      ☐ Falso

   d. El pensamiento lógico también se conoce como vertical.

      ☑ **Verdadero**
      ☐ Falso

2. **Complete la siguiente oración.**

   Se entiende que el pensamiento crítico (PC) es el juicio autoregulado y con propósito que da como resultado **interpretación,** análisis, **evaluación** e inferencia, como también la explicación de las consideraciones de evidencia, conceptuales, **metodológicas,** criterio-lógicas o **contextuales** en las cuales se basa ese juicio.

3. **Enumere las habilidades que Peter A. Facione establece que son necesarias para alcanzar un pensamiento crítico.**

   ▪ Capacidad de análisis.
   ▪ Interpretación.
   ▪ Autorregulación.

I Inferencia.
I Explicación.
I Evaluación.

4. **Complete la siguiente tabla:**

Actividades para mejorar la atención	Actividades para mejorar la memoria
Realización de puzles	Aprender poesías
Unión de puntos	Juegos de memoria de buscar parejas
Buscar diferencias	Repetir series de números

5. **¿Qué habilidades debe tener una persona para poder leer?**

I Organización del pensamiento.
I Relaciones espaciales.
I Capacidad para seguir con los ojos.
I Percepción táctil.
I Percepción visual.
I Percepción auditiva.
I Simbolismo.

6. **Enumere los métodos fundamentales para el aprendizaje de la lectoescritura.**

I Sintéticos.
I Analíticos.
I Eclépticos.

7. **¿Cuáles son los elementos básicos de la comunicación?**

I Emisor.
I Receptor.
I Código.
I Canal.
I Mensaje.
I Contexto.

8. ¿Qué son las estrategias compensatorias?

Permiten al estudiante mantener un estado mental propicio para el aprendizaje; incluyen estrategias para favorecer la motivación y la concentración, para reducir la ansiedad, para dirigir la atención a la tarea y para organizar el tiempo de estudio.

9. Complete la siguiente definición:

Las estrategias metodológicas, técnicas de aprendizaje andragógico y recursos varían de acuerdo con los **objetivos** y **contenidos** del estudio y aprendizaje de la formación previa de los participantes, **posibilidades, capacidades** y **limitaciones** personales de cada quien.

10. De las siguientes frases indique cuáles son verdaderas o falsas:

a. La orientación y el razonamiento espacial están relacionados con el esquema corporal.

☑ **Verdadero**
☐ Falso

b. Se pueden trazar tres ejes en el cuerpo humano.

☑ **Verdadero**
☐ Falso

c. El eje que permite rotar es el transversal.

☐ Verdadero
☑ **Falso**

11. Indique cuál de estos aspectos no se evalúa con el *Mini-mental State Examination* (MMSE) de Lobo.

a. Orientación.
b. Fijación.
c. Concentración y cálculo.
d. Memoria y lenguaje.

e. **Lectoescritura.**

f. Construcción.

12. Describa el TOMAL, Test de Memoria y Aprendizaje.

- Este test fue diseñado por C. R. Reynolds y E. D. Bigler.
- Se puede aplicar en niños y niñas con edades comprendidas entre los 5 y los 19 años, o a cualquier persona que se considere que puede llevarlo a cabo.
- Consta de 14 test divididos en dos escalas: verbal y no verbal.

13. ¿Qué aptitudes evalúa el EFAI, Evaluación Factorial de las Aptitudes Intelectuales?

- Aptitudes espaciales.
- Numéricas.
- Razonamiento abstracto.
- Aptitudes verbales.
- Memoria.

14. Indique la secuencia a seguir para evaluar la lectura.

- Lectura de letras.
- Lectura de sílabas.
- Lectura de palabras.
- Lectura de sintagmas.
- Lectura de frases.

15. Cite las definiciones de la palabra evaluación de la Real Academia Española.

- Señalar el valor de algo.
- Estimar, apreciar, calcular el valor de algo.
- Estimar los conocimientos, aptitudes y rendimiento de los alumnos.

 Solucionario Capítulo 3

1. ¿Cuál de las siguientes áreas no se encuentra dentro del concepto de ciudadanía digital?

    a. Comunicación.
    b. Mercado laboral.
    c. Educación.
    d. Acceso.

2. **Nombre los inconvenientes del uso de las nuevas tecnologías.**

    ▪ Son necesarios una serie de recursos que no todas las personas tienen, aunque se trabaja para que el acceso sea igual para todos.
    ▪ Las relaciones personales pueden verse afectadas ya que el mundo virtual incrementa de forma constante.
    ▪ En ocasiones, un mal uso puede provocar ciertos tipos de adicciones y problemas de salud.
    ▪ Según la persona, y si no se trabaja de forma correcta, puede provocar distracciones o dispersión en la realización de tareas.
    ▪ En ocasiones, la información que se encuentra puede no ser fiable.

3. **Complete la siguiente definición:**

    El ordenador es una máquina electrónica dotada de una **memoria** de gran capacidad y de métodos de tratamiento de la **información,** capaz de resolver problemas **aritméticos** y **lógicos** gracias a la utilización **automática** de programas registrados en ella.

4. **Describa los dos usos principales del ordenador.**

    ▪ Pedagógico, teniendo como objetivo el aprendizaje. Con este fin se está produciendo la alfabetización tecnológica de los centros educativos de España.
    ▪ Igualdad de oportunidades. El ordenador facilita que las personas con discapacidad participen en el medio social.

5. **De las siguientes frases, indique cuál es verdadera o falsa.**

    a. El *hardware* hace referencia a los elementos físicos que componen el ordenador.

        ☑ **Verdadero**
        ☐ Falso

    b. El teclado está dentro de los periféricos externos.

        ☑ **Verdadero**
        ☐ Falso

    c. La memoria es el procesador que controla todo el sistema.

        ☐ Verdadero
        ☑ **Falso**

    d. *Linux* es un tipo de sistema operativo.

        ☑ **Verdadero**
        ☐ Falso

6. **Complete la siguiente oración.**

Un *software* educativo puede ser utilizado como sinónimo de los términos "**programas didácticos**" y "**programas educativos**", especificando que hacen referencia a aquellos programas que fueron creados con **fines didácticos.**

7. **¿Qué función tienen los tutoriales?**

Enseñar un contenido.

8. **Enumere las funciones del *software* educativo:**

    ▪ Informativa. Se muestran datos reales para que los destinatarios aprendan un concepto determinado.
    ▪ Instructiva. Se persigue conseguir un objetivo educativo.
    ▪ Motivadora. Busca aumentar la motivación del usuario al aprendizaje.

- Evaluadora. Como su nombre indica se utiliza para evaluar la actividad formativa.
- Investigadora. Permite la búsqueda de información por parte de los destinatarios.
- Expresiva. Permite la comunicación de una forma muy amplia.
- Metalingüística. Se busca que la persona aprenda a utilizar la informática.
- Lúdica. El objetivo es la diversión.
- Innovadora. Utilizando programas recientes.

9. Relacione:

a. Programa informático de sistema.
b. Programa informático de programación.
c. Programa informático de aplicación.

b. *Software* educativo.
c. Herramientas de diagnóstico.
a. Editores de texto.

10. Enumere los programas de *OpenOffice.*

- *Writer.* Procesador de textos.
- *Math.* Editor de fórmulas.
- *Calc.* Hoja de cálculo.
- *Draw.* Editor de dibujos y cálculo.
- *Impress.* Editor de presentaciones.
- *Web.* Editor de páginas web.

11. ¿Cuál no es un beneficio del uso de las nuevas tecnologías?

a. Versatilidad y flexibilidad.
b. Individualización.
c. Repetición.
d. Rigidez.
e. Autonomía.

12. ¿Qué se entiende por accesibilidad?

Característica del urbanismo, edificación, el transporte o los medios de comunicación que permiten a cualquier persona su utilización.

Cualidad de un medio cuyas condiciones hacen factible su utilización de modo autónomo por cualquier persona, con independencia de que tenga limitaciones de determinadas capacidades.

13. Indique los objetivos prioritarios de la UNESCO con respecto a las tecnologías:

- Desarrollar las aptitudes necesarias para la sociedad del conocimiento.
- Garantizar que todas las personas tengan acceso a las tecnologías de la información y la comunicación.

14. Indique los riesgos existentes en la utilización de la tecnología:

- Aquellos que hacen referencia a elementos que pueden dañar el ordenador o los archivos. En concreto son los virus, troyanos, etc. Es necesario avisar al alumnado de su existencia para que pongan los medios necesarios para neutralizarlos, como pueden ser los antivirus.
- Ciberbullying. Se trata de acoso entre menores a través de las nuevas tecnologías. Es muy peligroso y en ocasiones las personas con discapacidad son un blanco fácil para este tipo de actividad.
- Mentiras y traspaso de información. Se debe dejar claro que todo lo que aparece en la red no es verdad y que deben ser muy precavidos con la información que intercambian.

15. De las siguientes frases indique cuáles son verdaderas o falsas:

a. Las dificultades para el uso de los aparatos tecnológicos dependerán de la discapacidad.

☑ **Verdadero**
☐ Falso

b. A más accesibilidad, menos barreras.

    ☑ **Verdadero**
    ☐ Falso

c. Las tecnologías pueden mejorar la vida diaria de las personas que presentan algún tipo de discapacidad.

    ☑ **Verdadero**
    ☐ Falso

Solucionario 5
Intervención con familias de personas con discapacidad

Solucionario Capítulo 1

1. **Señale si las siguientes afirmaciones son verdaderas o falsas:**

   a. El concepto de familia podría definirse como la unión entre dos personas vinculadas por el matrimonio, que conviven en el mismo domicilio y que tienen unos intereses comunes.

      ☐ Verdadero
      ☑ **Falso**

   b. La observación sistemática es un procedimiento por el cual se recoge información siguiendo un protocolo establecido que determina qué valores van a ser seleccionados, registrados y estudiados.

      ☑ **Verdadero**
      ☐ Falso

   c. Las fases para la elaboración de una entrevista son: fase de preparación, fase de introducción a la entrevista, fase de exploración y fase final.

      ☑ **Verdadero**
      ☐ Falso

   d. La escala de valoración funcional de actividades básicas para la vida diaria de Barthel valora las alteraciones de salud y las limitaciones en las actividades de la vida diaria.

      ☐ Verdadero
      ☑ **Falso**

2. **¿Cuál es la diferencia entre familia nuclear y familia extensa?**

   La familia nuclear o núcleo familiar es la formada por el padre, la madre y los hijos de la pareja que conviven en un mismo lugar físico. En ocasiones también pueden convivir los abuelos en este seno familiar. Los integrantes de la familia nuclear tienen un primer grado de parentesco.

La familia extensa es aquella en la que sus miembros son de una misma ascendencia y que no conviven en el mismo hogar, como los tíos, primos, sobrinos, etc. Los miembros de la familia extensa guardan un segundo, tercer o cuarto grado de parentesco. En muchas ocasiones estos miembros tienen un papel fundamental para la persona con discapacidad.

3. **Indique los distintos tipos existentes en la formación de unidades de convivencia y señale algunos ejemplos.**

El surgimiento o la anexión a una unidad de convivencia puede darse por voluntad propia, como, por ejemplo, los pisos compartidos, las comunidades, etc.; y también se encuentran las generadas por la sociedad para satisfacer ciertas necesidades de las personas o colectivos, como las residencias, casas tuteladas, etc.

4. **Complete este cuadro con los miembros de su familia, donde quede recogido el grado de parentesco.**

Grados	Relación o parentesco			
1.º	Padre: Ángel Madre: Dolores	Marido: Antonio	Hijo: Luis	Suegro: Francisco Suegra: Josefa
2.º	Hermano: José	Hermana: Ángela	Abuela: María	Cuñado: Juan Cuñada: Rosa
3.º	Tío: Pepe	Tía: Carmen	Sobrino: Álex	Sobrina: Lucía
4.º	Primo: Juan	Prima: María	Primo: David	

5. **Complete el siguiente texto que hace referencia a varios artículos de la Constitución Española.**

Los poderes **públicos** aseguran la protección social, económica y jurídica de la familia.

Los poderes **públicos** aseguran, asimismo, la protección **integral** de los hijos, iguales estos ante la ley con independencia de su filiación, y de las madres, cualquiera que sea su **estado** civil. La ley posibilitará la investigación de la paternidad.

Los padres deben prestar **asistencia** de todo orden a los hijos habidos dentro o fuera del matrimonio, durante su minoría de edad y en los demás casos en que **legalmente** proceda.

Los niños gozarán de la protección prevista en los acuerdos internacionales que velan por sus **derechos.**

6. **Describa brevemente el concepto de familia ensamblada y la familia unipersonal.**

La familia ensamblada. En esta estructura la nueva pareja que se une proviene de una estructura familiar anterior finalizada, y la persona o personas pasan a formar parte de otra nueva unidad de convivencia. En ocasiones, estas uniones pueden agregar a hijos de antiguas relaciones y procrear más hijos con esa nueva pareja.

La familia unipersonal. Es un sistema en el que solo vive una persona, y esta estructura es cada vez más común en la sociedad actual. La edad de la persona o el padecimiento de cualquier enfermedad es un factor de riesgo a tener en cuenta por las instituciones sociales, para poder favorecer la satisfacción de sus necesidades.

7. **Indique cuáles de las siguientes funciones establecen las familias con respecto a un miembro con discapacidad.**

   a. Función doméstica
   b. **Función socializadora**
   c. Función educativa
   d. **Función de seguridad y apoyo**
   e. **Función psicosocial**
   f. **Función de afecto**

8. **Busque y analice la diferencia que existe entre los términos de dependencia y discapacidad.**

La Convención de Naciones Unidas indica que las personas con discapacidad son "aquellas que tienen deficiencias físicas, mentales, intelectuales o sensoriales a largo plazo, que al interactuar con diversas barreras estas puedan impedir su participación plena y efectiva en la sociedad en igualdad de condiciones con las demás". Indica cualquier restricción o funcionamiento anormal en los aspectos fisiológicos, anatómicos o psicológicos del organismo de una persona.

El Consejo de Europa define dependencia como "aquel estado en que se encuentran las personas que, por razones ligadas a la falta o a la pérdida de autonomía física, psíquica o intelectual, tienen necesidad de asistencia y/o ayudas importantes a fin de realizar los actos corrientes de la vida diaria".

Ambos términos están centrados en el aspecto negativo de la ausencia de algo y no en la diversidad funcional que presentan las personas. En ningún caso las definiciones de ambos términos hacen referencia al contexto de la persona, y esto sin duda influye directamente en esta diversidad funcional o discapacidad o deficiencia.

9. **Elabore un modelo de ficha familiar para recoger toda la información relevante en el proceso de análisis y estudio de una situación familiar, a través de entrevista y observación de la situación concreta de la familia con discapacidad, en la que se pueda recoger en un mismo folio las características más destacables de la situación, los datos más significativos obtenidos en la entrevista y en la observación, así como las necesidades presentes en la familia.**

Modelo de ficha familiar	
Datos de la familia:	Fecha:
Situación familiar:	Recursos existentes en la zona:
Datos recabados en la entrevista:	Datos recabados a través de la observación:
Necesidades detectadas:	Objetivos para la intervención:

10. **¿Cuál de las siguientes opciones corresponde a la definición de familia dada por la Organización Mundial de la Salud?**

   a. Individuos que comparten un hogar y se relacionan entre ellos.
   b. El núcleo básico estable, con unas reglas, una historia y un código propio que le da singularidad al grupo familiar con respecto a otros.
   c. **Los miembros del hogar emparentados entre sí, hasta un grado determinado, por sangre, adopción y matrimonio.**
   d. El subconjunto de relaciones sociales que se dan en un contexto abierto.

11. **Complete la siguiente tabla, poniendo tres ejemplos de necesidades para cada una de las personas que aparecen.**

SITUACIÓN	NECESIDADES
Mujer de 82 años con demencia senil	- Necesidad de mantener sus habilidades cognitivas (memoria, atención, etc.). - Necesidad de atención domiciliaria (limpieza del hogar, compras, etc.). - Necesidad de atención médica.
Niño de 8 años con espina bífida	- Necesidad de recursos de accesibilidad, como muletas, silla de ruedas, etc. - Necesidad de fisioterapia. - Necesidad de refuerzo educativo.
Mujer de 34 años con corazón trasplantado	- Necesidad de atención médica permanente. - Necesidad psicológica y social. - Necesidad informativa sobre hábitos de vida saludable.

12. **Elabore un esquema en el que se recoja los distintos tipos de observación y los distintos tipos de entrevista.**

Tipos de entrevista. Existen diferentes tipos de entrevista según los siguientes criterios:

▌ Grado de estructuración:

  ▪ Entrevista estructurada. Este tipo presenta un guión de preguntas, y este forma un cuestionario de preguntas ordenadas por igual para todas las personas entrevistadas.
  ▪ Entrevista no estructurada. Sin guión preestablecido. La persona que entrevista realiza las preguntas según su criterio y utiliza preguntas abiertas para que la persona entrevistada elabore sus propias respuestas.
  ▪ Entrevista semiestructurada. Se realizan preguntas con un guión y también se hacen otras preguntas que no estén en ese guión.

▌ Según el número de personas participantes:

    ı La entrevista individual: solo se entrevista a una persona.
    ı La entrevista en grupo: se entrevista a un grupo o a varias personas de manera simultánea.

▌ Según el grado de directividad:

    ı Entrevista dirigida: la persona que entrevista es la que dirige, establece las preguntas y el tiempo dedicado a cada cuestión.
    ı Entrevista no dirigida: es una entrevista flexible y abierta en la que la persona que la realiza tiene que establecer una relación de confianza para que la persona entrevistada pueda expresarse con sinceridad y libertad.

Tipos de observación. A continuación, se presentan diferentes tipos de observación siguiendo distintos criterios de clasificación:

▌ Según los diferentes niveles de sistematización o estandarización de la información:

    ı Observación sistemática. Se recoge información siguiendo un protocolo establecido que determina qué valores van a ser seleccionados, registrados y estudiados.
    ı Observación no sistemática. No hay definición previa de lo que se va a observar.

▌ Según las diferentes estrategias de observación o el papel del observador:

    ı Observación participante: la persona que observa participa activamente en el medio natural de las personas observadas.
    ı Observación no participante: se recoge información sin entrar en contacto o participar de manera activa con el grupo que se observa.

▌ Según la implicación física de quien la realiza:

    ı Observación directa: la persona que observa contacta de manera directa y personal con el hecho o fenómeno a observar.
    ı Observación indirecta: tiene lugar cuando la recogida de información es a través de otras personas que sí han tenido contacto directo con la situación o persona a evaluar.

13. Describa los impactos que puede tener la aparición de una discapacidad en una familia.

Los impactos de la aparición de una discapacidad en la vida familiar afectan a todos los campos vitales y a todos los miembros familiares. Estos impactos pueden ser:

I Impacto familiar: modificación de la dinámica familiar, las funciones y roles de cada miembro se reorganizan y se establecen nuevos patrones de relación.

I Impacto social: Supone un cambio en el proyecto, estilo y calidad de vida. Tanto para las personas cuidadoras, como para la persona con discapacidad tienen el riesgo de aislamiento social.

I Impacto económico: En ocasiones la discapacidad en la familia puede derivar a grandes desembolsos económicos para ayudas técnicas o profesionales, adaptaciones especiales en el hogar, etc.

I Impacto laboral: Se va a producir un mayor absentismo laboral por causas médicas o cuidados personales. Y en ocasiones puede ocurrir la pérdida de trabajo por las personas cuidadoras o la propia persona con discapacidad.

I Impacto en la salud física: Cuando hablamos de las personas que conviven con otra que tiene discapacidad su salud física se puede ver deteriorada y descuidada.

I Impacto en la salud emocional: Las personas que componen la familia con un miembro con discapacidad pueden presentar ansiedad, ataques de pánico, depresión, cansancio, falta de energía, culpabilidad, estrés, agresividad, apatía, vergüenza, sensación de impotencia.

14. ¿Cuál de las siguientes afirmaciones sobre las unidades de convivencia no es correcta?

a. Las funciones de las unidades de convivencia para satisfacer las necesidades de las personas con discapacidad son: función de apoyo, función de seguridad y socialización.

b. **La consanguinidad o parentesco es un criterio fundamental para la construcción de las unidades de convivencia.**

c. Los miembros de una unidad de convivencia se ensamblan en una organización con normas y una estructura que viene dada por la institución.

d. El surgimiento o la anexión a una unidad de convivencia puede darse por voluntad propia.

15. Indique los distintos tipos de intervención o terapias que se pueden realizar para satisfacer las necesidades de las familias con algún miembro con discapacidad.

Las intervenciones con estas familias van destinadas a mejorar la calidad de vida de todos sus miembros. En función de las necesidades que queden cubiertas las terapias se pueden dividir en:

- Programas preventivos y educativos. Para satisfacer la necesidad de información, fomentar hábitos de vida saludable y mejorar las habilidades personales para hacer frente a su situación.
- Grupos de apoyo. Para favorecer la comunicación y el intercambio de recursos entre familias, terapia grupal, apoyo emocional, orientación, mediación, etc.
- Programas de intervención clínica. Para satisfacer necesidades específicas, cuyo objetivo principal es el tratamiento de enfermedades físicas o mentales de las personas cuidadoras.

 Solucionario Capítulo 2

1. Señale si las siguientes afirmaciones son verdaderas o falsas.

   a. El apoyo generalizado es aquel que se presta en la mayoría de las situaciones de la vida diaria de manera intermitente y para toda la vida.

      ☐ Verdadero
      ☑ **Falso**

   b. El APGAR familiar es una escala que mide la funcionalidad de las familias.

      ☑ **Verdadero**
      ☐ Falso

   c. Las barreras para una persona con discapacidad pueden ser personales y familiares.

      ☐ Verdadero
      ☑ **Falso**

2. Complete la siguiente tabla uniendo el nivel autonomía con el tipo de apoyo que necesite e indique algún ejemplo.

Nivel de autonomía	Tipo de apoyo	Ejemplo de apoyos
Autonomía total	**Apoyo intermitente**	Acompañamiento al médico, apoyo en un nuevo puesto de trabajo.
Autonomía parcial	**Apoyo regular**	Ayuda para el mantenimiento del hogar.
Autonomía limitada	**Apoyo generalizado**	Ayuda para el aseo, la alimentación, etc.

3. **La familia funcional es aquella que satisface las necesidades de sus miembros. Enumere las características de una familia funcional.**

- Capacidad de afrontar y superar las nuevas situaciones o cambios que ocurran en la familia y en su entorno.
- Ofrecen soluciones creativas.
- Fomentan la autonomía de sus miembros para la toma de sus propias decisiones.
- Se establecen relaciones igualitarias de respeto y cariño.
- Se dan roles flexibles.
- Se fomenta la diversidad individual.

4. **Indique las dimensiones propuestas por Smilkstein para analizar la funcionalidad de la familia con respecto al desarrollo y la satisfacción de las necesidades de sus miembros.**

Las dimensiones propuestas por Smilkein para una familia funcional son las siguientes:

- Participación, que hace referencia a la implicación de cada uno de los miembros de la familia en la toma de decisiones y en la realización de las actividades en el hogar.
- Adaptación a las nuevas situaciones que puedan ocurrir en la familia y capacidad para resolver los conflictos de una manera positiva.
- Crecimiento, que es una dimensión que hace referencia al desarrollo de todos sus miembros, respetando la individualidad y la diversidad funcional de cada uno de sus componentes.
- Afecto, ya que este tipo de relaciones son fundamentales para el buen desarrollo individual y para el establecimiento de relaciones positivas dentro del núcleo familiar.
- Recursos, ya sean económicos o habilidades o aptitudes para favorecer la satisfacción de las necesidades de los miembros de la familia.

5. Busque en la siguiente sopa de letras las palabras: accesibilidad, normalización, oportunidad, diversidad, igualdad, integración y autonomía. A continuación, defina cada término.

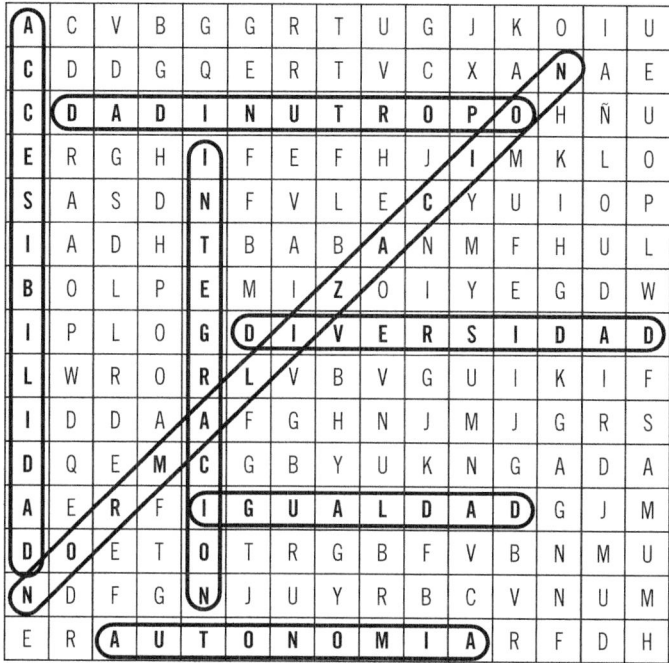

Accesibilidad. Es la característica de los lugares, objetos, servicios y procesos que hace que todas las personas puedan utilizarlos, comprenderlos y usarlos.

Normalización. Es el principio por el cual las personas con discapacidad tienen el derecho a llegar a los mismos lugares y servicios que el resto de las personas.

Oportunidad. Es la opción de poder elegir y acceder a los servicios, ámbitos y lugares.

Diversidad. Hace referencia a las distintas características, habilidades y funciones que presentan las personas.

Igualdad. Es el principio por el que se establece que todas las personas tienen los mismos derechos, opciones y libertades civiles.

Integración. Las personas con discapacidad tienen el derecho y el deber a participar en su entorno en los ámbitos y en las actividades que decidan.

Autonomía. Es la capacidad para decidir, tomar decisiones y actuar con libertad, eligiendo sus actos y asumiendo las consecuencias de ellos.

6. **Complete el siguiente texto que hace referencia a varios artículos de la Constitución Española.**

Los poderes **públicos** aseguran la protección social, económica y jurídica de la familia.

Los poderes **públicos** aseguran, asimismo, la protección **integral** de los hijos, iguales estos ante la ley con independencia de su filiación, y de las madres, cualquiera que sea su **estado** civil. La ley posibilitará la investigación de la paternidad.

Los padres deben prestar **asistencia** de todo orden a los hijos habidos dentro o fuera del matrimonio, durante su minoría de edad y en los demás casos en que **legalmente** proceda.

Los niños gozarán de la protección prevista en los acuerdos internacionales que velan por sus **derechos.**

7. **Indique cómo las actuaciones de sensibilización pueden reducir el riesgo de sobrecarga familiar o el síndrome de la persona cuidadora, y señale qué actuaciones han de realizarse para la persona cuidadora principal y las personas cuidadoras secundarias.**

La sensibilización hacia la autonomía va a disminuir el riesgo de sobrecarga familiar o el síndrome de la persona cuidadora. Todas aquellas actividades de la vida diaria que realice la persona con discapacidad por ella misma van a favorecer la reducción de ayuda de los miembros de la familia. De esta manera los familiares pueden organizar y estructurar las actividades para dedicarse tiempo a ellos mismos y así se fomenta el bienestar emocional de las personas cuidadoras y se reduce el riesgo de padecer el síndrome de la persona cuidadora. De esta forma, la calidad de vida va a aumentar en todas las personas que forman el sistema familiar.

Las actuaciones que pueden realizarse en las personas que asumen el rol de la figura principal de ayuda pueden ser:

I Dar información sobre las características de su familiar con discapacidad y sobre los recursos existentes en la zona que puedan cubrir las necesidades familiares, y sobre las actividades de autonomía.

I Orientar en dinámicas familiares, en hábitos, en el empleo del tiempo para dedicarlo al autocuidado y la autosatisfacción de necesidades.

I Planificar la organización del tiempo para que las actividades y responsabilidades de la ayuda sean repartidas por todos los miembros de la familia para evitar la sobrecarga y reducir el estrés hacia la persona cuidadora principal.

I Reeducar falsas creencias y enseñar hábitos, rutinas, sobreprotección, sentimiento de culpa, etc.

I Ofrecer refuerzos positivos a aquellas acciones que sí favorezcan la autonomía, para que sigan realizándola e incluso aumente su frecuencia.

Las actuaciones que pueden realizarse para los familiares que asumen la figura de cuidadores secundarios son:

I Ofrecer información sobre las características de su familiar con discapacidad y sobre los recursos existentes en la zona que puedan cubrir las necesidades familiares, y sobre las actividades de autonomía.

I Orientar en dinámicas familiares, en el reparto de responsabilidades, en la introducción de nuevas actividades y dinámicas, etc.

I Planificar la organización del tiempo, las actividades y responsabilidades de la ayuda en todos los miembros de la familia para evitar la sobrecarga hacia una sola.

I Reeducar falsas creencias y enseñar hábitos, rutinas y acciones que favorezcan la autonomía de la persona con discapacidad.

I Ofrecer refuerzos positivos a aquellas acciones que sí favorezcan la autonomía, para que sigan realizándolas e incluso aumente su frecuencia.

8. Describa a qué se refiere el término de atención integral.

Se entiende por atención integral los procesos o cualquier otra medida de intervención dirigidos a que las personas con discapacidad adquieran su máximo nivel de desarrollo y autonomía personal, y a lograr y mantener su máxima independencia, capacidad física, mental y social, y su inclusión y participación plena en todos los aspectos de la vida, así como la obtención de un empleo adecuado.

9. Toda planificación de una intervención en una unidad de convivencia ha de comenzar por un análisis de las necesidades. Ordene los siguientes pasos a seguir en la intervención:

Determinar objetivos. Evaluación final. Planificar las actividades. Priorizar las necesidades. Evaluación de las actuaciones. Diseño de las actuaciones. Planificar el tiempo.

Los pasos a seguir en una intervención después de analizar las necesidades son:

- Priorizar necesidades.
- Determinar los objetivos.
- Planificar las actividades.
- Diseñar actividades.
- Planificar el tiempo.
- Evaluación de las actuaciones.
- Evaluación final.

10. Complete las siguientes definiciones con las palabras: desarrollo, autonomía, competencia, integración social, funcionalidad, entorno, conocimientos, intervención, libertad, capacidad, tomar decisiones y recursos.

Una **competencia** es el conjunto de destrezas, **conocimientos** y actitudes adecuadas al contexto para la realización y **desarrollo** personal, así como para la ciudadanía activa, la **integración social** y el empleo.

La **intervención** es el diseño de las actuaciones para favorecer la autonomía de las personas que presentan dificultad en la **funcionalidad** de los distintos ámbitos de la vida diaria.

La **autonomía** personal es la capacidad de una persona para decidir, **tomar decisiones** y actuar con **libertad**, eligiendo sus actos y asumiendo las consecuencias de ellos.

La **capacidad** es el conjunto de **recursos**, aptitudes y competencias que tiene una persona para realizar una determinada tarea de manera funcional en su **entorno**.

11. Defina las competencias básicas para la vida diaria y ponga un ejemplo en cada una de ellas.

Las competencias básicas para la vida favorecen una vida autónoma, y se pueden clasificar en:

■ Competencia en comunicación lingüística. Se refiere a la utilización del lenguaje como instrumento funcional para el desarrollo de la socialización, la satisfacción de las necesidades, la expresión de emociones, etc. Ejemplo: leer una carta recibida.

■ Competencia social y ciudadana. Esta competencia es entendida como aquella que permite vivir en la sociedad, comprender la realidad social del mundo en que se vive y ejercer la ciudadanía participativa y democrática, para favorecer la integración en la sociedad. Ejemplo: asistir a un evento social, fiesta, jornadas, etc.

■ Competencia para aprender a aprender. Esta competencia hace referencia a la habilidad de aprender de forma autónoma a lo largo de toda la vida, desarrollando un estilo de aprendizaje propio que permita a la persona adaptarse a los nuevos cambios en su vida según sus características y los recursos existentes en su medio. Ejemplo: aprender el manejo de un nuevo teléfono móvil.

■ Competencia para la vida diaria e iniciativa personal. La adquisición de esta competencia incluye la posibilidad de realizar las actividades cotidianas y domésticas, como son las de comer, asearse, vestirse, hacer la compra, limpieza del hogar, contabilidad, doméstica, trabajar, etc. La adquisición de esta competencia ofrece la posibilidad de optar con criterio propio y es- píritu crítico a las iniciativas necesarias para desarrollar la opción elegida y hacerse responsable de ella. Ejemplo: organizar las compras necesarias para llevar una dieta saludable.

12. ¿Qué elementos se deben analizar para determinar si una familia es funcional o disfuncional?

Para determinar la funcionalidad de la familia hay que analizar:

■ Las necesidades familiares. Estas son la suma de todas las necesidades de sus miembros. Un buen análisis de las necesidades determinará si la familia satisface estas y, por tanto, la funcionalidad de la familia. No es tanto determinar si la familia es funcional o no, sino ver dónde están las dificultades que impiden la satisfacción de las necesidades para solventar esa dificultad. En cada situación familiar las necesidades pueden variar e ir modificándose en el tiempo y también estarán determinadas por el periodo de evolución en el que se encuentre la persona con discapacidad, el número de miembros, etc.

I Las características familiares. Este análisis implica estudiar la situación socioeconómica de la familia, determinar cuál es su estructura y el tipo de familia: familia monoparental, ensamblada, tradicional, etc. Otra de las características a observar es la etapa en la que se encuentra la familia con respecto al ciclo tras la aparición de la discapacidad en la familia: diagnóstico, desorganización, asimilación de la nueva situación y reorganización de las funciones familiares.

I Las relaciones familiares. También se ha de analizar el tipo de relaciones que se establecen entre los miembros de la familia, puesto que estas van a influir también en el desarrollo de los procesos vitales. Por lo general, las relaciones que fomentan el desarrollo de la autonomía y los procesos vitales son las afectivas e igualitarias, porque permiten el respeto a la diversidad individual, fomentan el desarrollo de una autoestima positiva y favorecen el desarrollo de habilidades sociales, actitud positiva ante las dificultades, etc.

I Las funciones familiares. Todas las funciones que cumplen las familias con sus miembros son imprescindibles. La inadecuación o el déficit en el desarrollo de algunas de las funciones familiares conllevarán un desarrollo pobre de sus miembros. El mal funcionamiento de las funciones puede dificultar el desarrollo de la persona con discapacidad y bloquear su autonomía.

13. **Indique a quién deben ir dirigidas las actividades de sensibilización de la autonomía de la persona con discapacidad.**

Las actividades de sensibilización han de ir dirigidas a la familia, a la propia persona con discapacidad y a los profesionales que cumplan algún servicio.

14. **Indique el tipo de barreras que puede encontrarse una persona con movilidad reducida por una enfermedad degenerativa.**

Los tipos de barreras que se puede encontrar una persona con una enfermedad degenerativa pueden ser:

I Barreras intrínsecas: presentar movilidad reducida, limitaciones cognitivas y disfuncionalidad familiar, como sobreprotección, relaciones conflictivas o problemas sieconómicos.

▮ Barreras externas:

- ▪ Barreras arquitectónicas y urbanísticas, que impiden o dificultan el movimiento y el acceso a lugares y servicios, como, por ejemplo, escalones, escaleras, alturas de los objetos en el hogar, etc.
- ▪ Barreras en el transporte que impiden el uso de los mismos, como asientos estrechos, inexistencia de rampas, pedales, etc., en vehículos privados o públicos.
- ▪ Barreras de comunicación son aquellas que dificultan la comprensión, expresión y/o comunicación y recepción de mensajes, como letras muy pequeñas o la inexistencia de sistemas alternativos de recomunicación, como el braille o la lengua de signos.

15. Para la consecución de una accesibilidad universal y el fomento de la autonomía personal se necesita la eliminación de barreras. Indique en qué consiste esto.

En definitiva, la eliminación de las barreras consiste en planificar los siguientes aspectos:

- ▮ Diseño de la ergonomía de los objetos, para que estos sean sencillos y útiles para todas las personas.
- ▮ Flexibilidad de uso. Hay que tener en cuenta el amplio abanico de destrezas, habilidades y experiencias de las personas usuarias para facilitar distintos tipos de uso o diferentes maneras de proceder.
- ▮ Tamaño y espacio de las cosas y lugares. Es necesario planificar el espacio adecuado para favorecer el alcance, la manipulación y el uso.
- ▮ Necesidad de realizar poco esfuerzo físico para que sea confortable y de uso sencillo.
- ▮ Mensajes en los distintos sistemas de comunicación, audiovisuales, sonoros, braille, etc.

 **Solucionario Capítulo 3**

1. **Clasifique las siguientes emociones en la tabla que se presenta a continuación. Tenga en cuenta que algunas de ellas se podrán colocar en varios apartados.**

Celos, felicidad, sorpresa, enamoramiento, alegría, enfado, culpa, orgullo, vergüenza, tristeza, venganza, ira, amor y miedo.

CLASIFICACIÓN DE LAS EMOCIONES	
Emociones básicas o primarias: Sorpresa, alegría, tristeza, ira y miedo.	Emociones secundarias: Celos, felicidad, enamoramiento, enfado, culpa, orgullo, vergüenza, venganza y amor.
Emociones positivas: Felicidad, enamoramiento, alegría y amor.	Emociones negativas: Celos, enfado, culpa, tristeza, ira y miedo.

2. **Los objetivos generales de la contención emocional y el apoyo son: favorecer el desarrollo de la persona, fomentar la salud, evitar el síndrome de la persona cuidadora y favorecer la autonomía personal. Indique en qué consiste cada uno de ellos.**

   ▌ Favorecer el desarrollo de la persona. Aceptando su nueva situación sin impedimentos en su desarrollo personal.

   ▌ Fomentar la salud. Se pretende liberar tensiones, centrar la atención de la persona sobre sí misma y no sobre la situación o problema, y el hecho de contar su experiencia le puede hacer ver otros puntos de vista que le ayuden a superar esa situación y, en definitiva, mejorar su salud.

   ▌ Evitar el burnout o el síndrome de la persona cuidadora. Este objetivo implica hacer consciente a la persona de su dinámica diaria y que el exceso de responsabilidades tiene aspectos negativos para ella y su familia.

   ▌ Favorecer la autonomía de la familia. Como la principal interventora del apoyo emocional de sus miembros.

3. Indique las emociones que aparecen en la imagen:

Comenzando por la de arriba y a la izquierda, las emociones que aparecen por orden en la imagen son: sorpresa, tristeza, melancolía, alegría, ira, alegría, amor, alegría, alegría, cansancio, tristeza y enfado.

4. **Señale si las siguientes afirmaciones son verdaderas o falsas.**

    a. La emoción es una reacción corporal acompañada de expresiones faciales, motoras y reacciones fisiológicas.

        ☑ **Verdadero**
        ☐ Falso

    b. Las emociones son una parte fundamental del ser humano porque determinan el comportamiento, el bienestar personal, la integración social y, en definitiva, la autonomía y la salud de la persona.

        ☑ **Verdadero**
        ☐ Falso

    c. La mejor técnica para la contención emocional es la conversación y la aceptación de la autoestima.

        ☐ Verdadero
        ☑ **Falso**

    d. La depresión es confundida en ocasiones con el duelo.

        ☑ **Verdadero**
        ☐ Falso

    e. Las emociones primarias y las secundarias tienen un fuerte componente social.

        ☐ Verdadero
        ☑ **Falso**

5. **Indique cómo se puede generar un clima de confianza para poder llevar a cabo la contención emocional y el apoyo emocional.**

Para poder establecer una relación de confianza en la que la persona pueda expresar sus vivencias es necesario establecer una escucha activa y actitud empática, sin interrumpir ni juzgar a la persona.

6. **Indique cuáles son los componentes que participan en la generación de las emociones en el organismo de una persona.**

Los componentes de la emoción son los siguientes:

- El estímulo o situación del ambiente ante el que se reacciona.
- La percepción y el procesamiento de la información de la situación relevante.
- La reacción corporal y activaciones fisiológicas, como, por ejemplo, aumento de la tasa cardiaca, sudoración, etc.
- La valoración subjetiva o el significado que le dé la persona a la situación.
- La experiencia emocional, sentir a nivel corporal la emoción: tristeza, alegría, miedo, etc.
- La expresión de la emoción: gestos faciales, postura corporal, movimiento corporal, etc.

7. **Realice un esquema sobre los factores que pueden generar estrés emocional en las familias con miembros con discapacidad.**

1. Factores de riesgo causantes de estrés emocional internos a la familia.

   - La aparición de una discapacidad en la familia.
   - Las características y tipos de familia.
   - Grado de dependencia de la persona con discapacidad .

2. Factores de riesgo causantes de estrés emocional externos a la familia.

   - Falta de apoyos o redes extraconvivenciales.
   - Existencia de barreras que impidan la accesibilidad universal.

8. **La relajación es una técnica utilizada para liberar tensiones emocionales, y existen distintos tipos. Sabría describir en qué consiste la técnica de relajación muscular de Jacobson.**

La técnica de relajación muscular de Jacobson consiste en el aprendizaje del control sobre la musculatura esquelético-motora. Mediante el entrenamiento, una persona puede desactivar su tensión muscular de manera consciente y esto le proporcionará estados de calma y bienestar. Este entrenamiento comienza con la localización del músculo tenso; posteriormente se toma conciencia de esa tensión, llevando la atención de la persona a ese músculo o grupo de músculos con tensión; después la persona deberá tensar y relajar voluntariamente cada músculo por separado hasta sentir como estos se van relajando y en conjunto todo el cuerpo.

9. **Enumere las funciones de las emociones en la vida de una persona.**

- Función adaptativa.
- Función social.
- Función motivacional.

10. **¿Qué tipo de impacto puede tener el estrés emocional en la vida de una persona?**

- Impacto personal: el estrés emocional genera una activación fisiológica y una tensión emocional constante que provoca problemas en la salud física, como, por ejemplo, alteraciones en el sueño, cefaleas, dolor muscular y articular, contracturas y fatiga permanente, entre otras. También pueden ocasionarse problemas emocionales como ansiedad, ataques de pánico, depresión, cansancio, falta de energía, culpabilidad, agresividad, apatía, vergüenza y sensación de impotencia.
- Impacto familiar: las relaciones con los miembros de la familia se pueden ver afectadas, y ocurrir crisis o rupturas de pareja, desatención de los miembros de la familia, incluso del miembro con discapacidad; o por el contrario que toda la atención y ayuda estén dirigidas a la persona con discapacidad, es decir, sobreprotección que impida el desarrollo de la autonomía.
- Impacto social: abandono de las relaciones y apoyos sociales. Las personas que sufren estrés emocional están centradas en el problema desatendiendo otras facetas de la vida, y esto a su vez genera aislamiento social.

11. Relacione los siguientes conceptos con sus definiciones.

a. Hace referencia a entrar en contacto con las emociones de la otra persona, para crear un clima de confianza en el que la persona pueda expresar lo que está viviendo con un apoyo de escucha activa y validación de su historia, para que esta no se sienta sola y poder orientarla en la búsqueda de otros puntos de vista, toma de decisiones o resolución de conflictos.

b. Es conocer cuáles son las propias necesidades, emociones, habilidades y dificultades; es reconocer lo que se hace y por qué y cómo esto influye en los sentimientos.

c. Una reacción corporal acompañada de expresiones faciales, motoras y reacciones fisiológicas, que se genera ante la reacción a una situación externa concreta, o a una situación interna del propio cuerpo.

d. Un exceso de responsabilidad y sobrecarga que conlleva una gran tensión emocional.

a. Apoyo emocional
c. La emoción
d. Estrés emocional
b. Autoconocimiento

12. ¿Qué es la empatía?

La empatía hace referencia a la habilidad para colocarse momentáneamente en el lugar de otra persona, percibiendo, entendiendo lo que está sintiendo y viviéndolo.

13. Indique si las siguientes afirmaciones son verdaderas o falsas. Y corrija aquellas que sean falsas.

a. La ansiedad ocurre cuando una persona siente miedo hacia algo que aún no ha ocurrido y que no es posible saber si ocurrirá o no; y vive este hecho con una gran tensión y malestar generalizado.

☑ **Verdadero**
☐ Falso

b. La agorafobia es el miedo y ansiedad generalizada a relacionarse con las personas y hablar en público.

☐ Verdadero
☑ **Falso**

❚ **La agorafobia es el miedo y ansiedad generalizada a salir a la calle, por la creencia irracional de que puede ocurrirle algo negativo.**

c. El duelo es un proceso individual y personal.

☑ **Verdadero**
☐ Falso

d. Las emociones influyen directamente en la comunicación y las relaciones interpersonales.

☑ **Verdadero**
☐ Falso

e. La depresión es una enfermedad muy fácil de detectar y evaluar.

☐ Verdadero
☑ **Falso**

❚ **Más del 50 % de los casos de depresión no son diagnosticados.**

14. **Enumere las técnicas utilizadas para la expresión de las emociones.**

❚ Habilidades sociales.
❚ Autoconocimiento y aceptación de las propias emociones y las de los demás.
❚ Resolución de conflictos.

15. **Explique cuáles son las fases de un duelo saludable.**

La elaboración del duelo presenta unas fases que han de ser superadas por todas las personas, aunque existen diferencias individuales. El duelo presenta las siguientes fases:

- Fase de negación: se produce un shock emocional, en el que la persona no cree lo ocurrido y le cuesta aceptar la realidad. Esto es un mecanismo de defensa.
- Fase de tristeza intensa: la persona siente un gran dolor por la pérdida, y la expresión de la tristeza puede ser muy dispar en cada persona.
- Fase de labilidad emocional o desorganización: se va tomando conciencia de la pérdida, pero aparece la desorganización emocional. Las emociones pueden ir y venir, el sentimiento de ira, melancolía, ansiedad, culpabilidad, tristeza, alivio, etc.
- Fase de superación de la pérdida: la superación satisfactoria del duelo supone el replanteamiento de la nueva situación, adoptando cambios en la rutina diaria, cambios psicológicos y conductuales. Se continúa con la vida.

 Solucionario Capítulo 4

1. **Indique por qué las reglas familiares establecidas en las relaciones con la persona discapacitada pueden impedir el desarrollo y la autonomía personal.**

En primer lugar, este tipo de reglas familiares impiden un buen clima de convivencia con el familiar con discapacidad y, por otro lado, también se impide y dificulta su desarrollo y autonomía personal, porque no se hace participe a la persona con discapacidad de las actividades de la vida diaria de la familia.

2. **Complete la siguiente oración: "Las habilidades de comunicación pueden ser consideradas como una herramienta para...".**

Promover el desarrollo y autonomía de las personas, defender los propios derechos y modificar las limitaciones impuestas por el entorno social y arquitectónico, causantes de las dificultades para la autonomía de las personas con discapacidad.

Y también son una herramienta para satisfacer las propias necesidades y para superar las dificultades encontradas y resolver los conflictos surgidos en las relaciones interpersonales.

3. **Indique las ventajas que tiene para una familia establecer relaciones satisfactorias de convivencia.**

- Sentimientos de confianza y bienestar emocional.
- Se favorecen los procesos de desarrollo y autonomía personal.
- Se genera un entorno físico adecuado.
- Existirá una comunicación respetuosa y afectiva.
- Se valorará la individualidad y se respetará a los demás familiares.
- Se cubrirán las necesidades individuales y las funciones de la familia.
- Prevalecerá la confianza y la seguridad.

4. ¿Qué opciones son correctas sobre la definición de conflicto?

    a. Los conflictos solo tienen consecuencias negativas para la convivencia familiar.

    b. La expresión de las emociones es fundamental para la resolución de conflictos.

    c. Los conflictos solo aparecen en familias con pocas habilidades sociales.

    d. En la resolución de los conflictos es muy importante el establecimiento de una buena comunicación.

5. Busque en la siguiente sopa de letras las palabras: rol, asertividad, pasividad, agresividad y mediación. A continuación, defina cada término.

R	O	L	T	R	Y	H	G	F	F	Ñ	V	P	D	A
A	D	E	Y	U	I	O	K	L	P	I	N	N	F	G
E	U	Y	S	N	O	I	C	A	I	D	E	M	V	F
D	C	A	S	E	R	T	I	V	I	D	A	D	A	D
X	C	B	N	D	F	G	E	H	E	N	Y	U	O	C
S	F	R	T	I	M	C	V	D	E	W	D	R	R	X
T	C	O	M	U	N	I	C	A	C	I	O	N	B	B
E	A	D	G	O	D	S	P	K	O	J	D	C	X	N
R	A	F	H	M	I	T	I	Y	H	F	I	F	B	M
E	S	G	H	K	D	L	G	V	O	U	S	E	U	J
Y	F	E	T	A	C	U	O	E	I	F	A	N	A	K
B	F	A	F	A	G	H	R	V	R	V	P	R	B	U
P	A	S	I	V	I	D	A	D	T	Y	E	S	D	L

    ▌ Rol: es el papel y conjunto de actuaciones, comportamientos, obligaciones y derechos que asume una persona dentro de su contexto familiar, para contribuir al funcionamiento del mismo. Una persona puede asumir distintos tipos de roles.

I Asertividad: estilo de comunicación en el que se expresan directamente los sentimientos, ideas, opiniones, derechos, etc., sin amenazar, exigir, castigar o manipular a las otras personas. Las personas asertivas respetan los derechos propios y los derechos de los demás.

I Pasividad: es el estilo de las personas que no expresan sus sentimientos o pensamientos, o lo hacen de manera ineficaz e insegura.

I Comunicación: es la herramienta fundamental que las personas poseen para relacionarse, adaptarse y modificar el entorno.

I Mediación: es una intervención por la que una persona externa al conflicto, de manera neutral e imparcial, ayuda a las partes en conflicto a comunicarse y dialogar, para que se pongan en el lugar de la otra persona, puedan ver su postura y esto les ayude a hallar una solución pactada entre las partes enfrentadas. Esta figura se conoce con el nombre de mediador.

6. Nombre los distintos tipos de problemas en los ejercicios de los roles familiares.

I Rol de tensión.
I Conflicto de roles.

7. Indique la diferencia que existe entre las habilidades de socialización y las habilidades de comunicación.

Las habilidades sociales son un conjunto de destrezas personales para poder relacionarse con otras personas y con el entorno social. Dentro de las habilidades sociales se encuentran las de comunicación. Las habilidades de comunicación son las capacidades o destrezas de conversar y/o transmitir información a otra persona y poder recibir información de otra persona, interactuando con ella.

8. Indique si las siguientes afirmaciones son verdaderas o falsas.

a. Las personas con una gran habilidad social gozan de una mayor salud, éxito y satisfacción, además presentan una mayor facilidad para afrontar las dificultades y resolver los conflictos de manera positiva.

☑ **Verdadera**
☐ Falsa

b. La comunicación es un proceso complejo en el que dos o más personas se relacionan e intercambian mensajes con códigos similares.

☑ **Verdadera**
☐ Falsa

c. La veracidad del mensaje es lo que da calidad en la comunicación.

☐ Verdadera
☑ **Falsa**

d. Cuando se habla de habilidades de comunicación, se hace referencia a un conjunto de habilidades, necesarias para establecer una buena comunicación.

☑ **Verdadera**
☐ Falsa

9. **Enumere los tipos de habilidades de comunicación verbal.**

▌ Establecer y mantener una conversación.
▌ Expresar las emociones, pensamientos y valores de manera clara.
▌ Saber hacer preguntas.
▌ Adecuar el vocabulario al contexto.
▌ Conocer y usar las reglas del código que se utilice.

10. **Clasifique las siguientes palabras según correspondan a comunicación verbal o a comunicación no verbal: hacer una petición, titubear, expresar un enfado, preguntar, gritar, cruzarse de brazos, sonreír y narrar lo que ocurrió en una situación.**

Comunicación verbal:

▌ Hacer una petición
▌ Preguntar
▌ Narrar lo que ocurrió en una situación

Comunicación no verbal

▌ Titubear
▌ Gritar

- Cruzarse de brazos
- Sonreír

11. Indique las características de una persona con estilo agresivo.

- Pierde el control de sus impulsos.
- Puede conseguir sus objetivos pero invadiendo los derechos de los otros.
- Baja autoestima.

12. Indique si las siguientes afirmaciones son verdaderas o falsas.

a. El entrenamiento en las habilidades de comunicación se puede realizar en todas y cada una de las habilidades de comunicación.

☑ **Verdadera**
☐ Falsa

b. Dentro de las habilidades de comunicación se encuentran las pautas sociales de comunicación.

☐ Verdadera
☑ **Falsa**

c. Las habilidades de comunicación se desarrollan a lo largo de toda la vida y se pueden entrenar y potenciar.

☑ **Verdadera**
☐ Falsa

d. La mediación se puede realizar sin la voluntariedad de alguna de las partes.

☐ Verdadera
☑ **Falsa**

e. La mediación solo se realizará para sustituir los procesos judiciales.

☐ Verdadera
☑ **Falsa**

13. Existen distintos tipos de actividades para desarrollar las habilidades de comunicación. Indique algunas de ellas para entrenar la habilidad de escucha activa.

- Mirar a la persona que está hablando.
- Atender a la información que da la otra persona.
- Esperar y respetar el turno de palabra.
- Mantener y utilizar el contacto visual.
- Repetir las ideas que exprese la otra persona, y comunicarlas: "Lo que quieres decir con eso es...". "He entendido que...".
- Hacer preguntas sobre lo que se está escuchando indica que la atención está en la conversación que está teniendo lugar.

14. Complete con las siguientes palabras la definición de conflicto: familias, intereses, situación, pensamientos, motor, comunicación y apertura.

El conflicto surge entre personas con **intereses**, necesidades, creencias o **pensamientos** enfrentados. Puede ser el **motor** de cambio a la **situación** vivida antes del conflicto y la **apertura** de una fuente de **comunicación** entre los miembros de las **familias**.

15. La intervención en la mediación y el asesoramiento con familias con miembros con discapacidad es una ayuda para satisfacer una serie de necesidades. ¿Podría enumerar estas necesidades?

- Adaptarse a la nueva situación y las nuevas demandas y necesidades.
- Restablecer el equilibrio en el hogar tras la aparición de la discapacidad.
- Mejorar las relaciones dentro de la familia.
- Desarrollar las habilidades de comunicación para fomentar el desarrollo de la autonomía personal de todos los miembros de la familia.
- Resolución de conflictos.

Solucionario Capítulo 5

1. **Complete las definiciones sobre el concepto de estrategia y técnica con las siguientes palabras: procesos, actuaciones, técnicas, procedimientos, actuaciones, influencia e intervención.**

   Las estrategias de intervención son **procesos** estratégicos de **influencia** para conseguir unos objetivos concretos mediante **actuaciones** y **técnicas** que ayuden a conseguir tales objetivos. Las técnicas de **intervención** son los **procedimientos** y **actuaciones** para la consecución de los objetivos.

2. **Indique qué grado de concreción tendría un programa de intervención para especificar los planes del Estado, en función de las necesidades territoriales, y un programa que atienda las necesidades concretas de una población. Justifique su respuesta.**

   El programa que especifica los planes del estado tiene un nivel de concreción de segundo grado, que es el que llevan a cabo las comunidades autónomas, concretando los planos establecidos por el Estado a la realidad de su población territorial.

   El programa que atiende las necesidades concretas de una población tendría un nivel de concreción de tercer grado, y es el que realizan las localidades para diversificar, diseñar, aplicar y evaluar los planes y programas, y para llevarlos a cabo en función de las necesidades de sus ciudadanos y ciudadanas.

3. **El estado de bienestar en España cuenta con el sistema de la Seguridad Social, por el que la aportación económica de las personas que trabajan y las empresas (contribuyentes) se destina a la cobertura de servicios. Indique los servicios que garantiza la Seguridad Social.**

   ▪ Sistema de pensiones.
   ▪ Sistema sanitario.
   ▪ Sistema educativo.
   ▪ Sistema para la autonomía y atención a la dependencia.

4. **Complete el siguiente texto sobre la Convención de las personas con discapacidad con estas palabras: dignidad, objetivo, proteger, Naciones Unidas, asegurar, respeto, igualdad y libertades.**

La Convención sobre los derechos de las personas con discapacidad, adoptada por **Naciones Unidas** el 13 de diciembre de 2006, tiene como **objetivo** promover, **proteger** y **asegurar** el goce pleno y en condiciones de **igualdad** de todos los derechos humanos y **libertades** fundamentales para todas las personas con discapacidad, y promover el **respeto** de su **dignidad** inherente.

5. **Indique qué significan las siglas SAAD y que finalidad tienen.**

Las siglas SAAD hacen referencia al Sistema para la Autonomía y Atención a la Dependencia. Este organismo tiene como finalidad coordinar la atención y protección de todas las personas con discapacidad o dependencia en España.

6. **¿Qué tipos de servicios presta el Sistema para la Autonomía y Atención a la Dependencia?**

Los servicios prestados por el SAAD son:

- Servicios generales: corresponden al primer nivel de atención, o lo que se conoce como atención primaria.
- Servicios específicos en los que se da una atención especializada y cuentan con equipamientos y profesionales sectoriales.

7. **Indique si las siguientes afirmaciones son verdaderas o falsas. Si las afirmaciones son falsas, indique por qué.**

a. Los centros residenciales solo están destinados a personas mayores.

☐ Verdadera
☑ **Falsa**

- Porque los centros residenciales pueden estar destinados también a personas con discapacidad.

b. Los centros de día se conocen con el nombre de centros intermedios.

☑ **Verdadera**
☐ Falsa

c. Los centros de día solo ofrecen servicios básicos como la manutención.

☐ Verdadera
☑ **Falsa**

▪ Los centros de día también ofrecen servicios específicos como fisioterapia, psicología, logopedia, etc.

d. Los talleres ocupacionales son recursos destinados a las personas que por la gravedad de su discapacidad no pueden integrarse en un puesto de trabajo.

☑ **Verdadera**
☐ Falsa

8. Defina los distintos servicios que prestan las unidades residenciales.

Los servicios que prestan las unidades residenciales son:

▪ Servicios básicos: como el alojamiento, la manutención, asistencia médica, etc.
▪ Servicios terapéuticos, como rehabilitación, terapia ocupacional, desarrollo cognitivo, atención psicológica, animación sociocultural, etc.
▪ Servicios de intervención con las familias, como orientación, mediación, participación, etc.
▪ Servicios complementarios, como gimnasio, cafetería, peluquería, etc.

9. Explique la definición de asociación y fundación

Una asociación es una entidad formada por un conjunto de personas para conseguir un determinado fin. Este conjunto de personas tiene unos derechos y obligaciones.

Una fundación es una organización que sin ánimo de lucro pone su patrimonio al servicio de otras personas, para la consecución de un fin.

10. Los recursos económicos o prestaciones tienen la finalidad de suplir los servicios que no son proporcionados directamente por el sistema. ¿Podría indicar las distintas modalidades de recursos económicos?

I La prestación para cuidados en el entorno familiar y apoyo a cuidadores no profesionales. Se compensa económicamente a un miembro de la familia que atiende a la persona dentro del domicilio familiar.

I La prestación económica de asistencia personal. Está destinada a la contratación de una ayuda técnica en el domicilio, para favorecer la autonomía de la persona beneficiaria de este recurso.

I La prestación económica ligada al servicio. Este recurso económico tiene la finalidad de contratar un servicio privado que no puede ser cubierto en el sistema público.

I La prestación para facilitar la autonomía personal. En este recurso se incluyen ayudas de transporte, de accesibilidad y movilidad, etc.

11. Indique distintos portales donde una familia puede encontrar información sobre los recursos existentes para la discapacidad.

I <https://imserso.es/centros/centros-referencia-estatal-cre>: ofrece información sobre los Centros de Referencia Estatal (CRE), con el fin de promover en todos los territorios de las comunidades y ciudades autónomas en que se articula el Estado español, la innovación y mejora de la calidad de los recursos dirigidos a un sector determinado de personas en situación de dependencia.

I <https://www.sanidad.gob.es/>: Ministerio de Sanidad. En este portal puedes encontrar información sobre normativa, subvenciones y recursos con carácter general.

I <https://www.mdsocialesa2030.gob.es/>: Ministerio de Derechos Sociales y Agenda 2030. En este portal puedes encontrar información sobre normativa, subvenciones y recursos con carácter general.

I <https://catalogoceapat.imserso.es/index>: se puede encontrar información variada sobre diferentes apoyos para la gestión de la accesibilidad.

12. **Indique si las siguientes afirmaciones son verdaderas o falsas.**

a. Para poder acceder a los recursos y servicios de la red social hay que seguir una serie de protocolos y procesos, que deberán realizarse por iniciativa de la persona con discapacidad o bien de sus familiares.

☑ **Verdadera**
☐ Falsa

b. La resolución del conflicto es una técnica que no ayuda a las familias hacia el acceso y uso de los recursos y servicios de su comunidad.

☐ Verdadera
☑ **Falsa**

c. Los programas de grupos de apoyo favorecen la comunicación y el intercambio de recursos entre las familias.

☑ **Verdadera**
☐ Falsa

d. Las técnicas de intervención son los procedimientos y actuaciones para la consecución de los objetivos.

☑ **Verdadera**
☐ Falsa

e. Los servicios de alojamiento alternativo tienen como objetivo sustituir los cuidados familiares.

☐ Verdadera
☑ **Falsa**

13. **Enumere los servicios de centros de día o centros intermedios.**

▮ Centros de día.
▮ Unidades de día para personas con discapacidad.
▮ Centros sociales para personas con enfermedades mentales.
▮ Talleres ocupacionales.
▮ Servicios de respiro familiar.

14. Complete la siguiente oración.

En función de las necesidades de la familia se determinarán...

Sus demandas y el tipo de recursos necesarios para mejorar la calidad de vida de estas personas y favorecer la autonomía personal.

15. La necesidad de los recursos puede ser intermitente, esporádica o general y permanente. Podría indicar los distintos tipos de recursos que existen.

- Recursos personales.
- Recursos materiales.
- Recursos económicos.